不当逮捕

築地警察交通取締りの罠

林 克明

同時代社

不当逮捕

――築地警察交通取締りの罠

目次

はじめに

先日、近所を自転車で走っていると、公園の入口で中学生３人と警察官１人が立って何か話しているのを見かけた。自転車に乗っている人を呼び止めた警察官が、自転車の登録番号を確認したり、根ほり葉ほり質問して自転車所有者を止めていっこうに解放しない場面を見たことがある人も多いだろう。あるいは、自身がしつこい〝自転車職質〟や通常の職務質問を受けた経験のある人もいるかもしれない。

このとき見かけた中学生は３人だったからまだいいが、もし１人だったらかなりいやな気分になったことだろう。

警察官から理不尽な交通取締りを受けたという話もときどき聞く。明らかに違反していればまだしも、納得がいかない取締りで違反切符を切られた経験者もいるはずだ。

たいていの場合は、一般市民の泣き寝入りで終わる。ところが、これから始まる「ドキュメント築地警察交通取締りの罠」は、不当なことに泣き寝入りせずに闘ったお寿司屋さん夫婦の物語である。

東京新宿区で寿司店を営む夫婦が築地市場での仕入れを終えて帰ろうとしたところ、車の前に立っていた交通取締りの警察官が「法定禁止エリアだ」と一言。これがきっかけで警察官と言い合いになってしまったのだ。警察官は「暴行されています」と虚偽の緊急通報をしたため、けたたましいサイレンが鳴り、何台もの警察車両が現場に駆けつけ、寿司店の経営者は後ろ手に手錠をかけられ逮捕されてしまった。

なんと、警察官に暴行して公務執行妨害をしたという事件をつくり上げられたのだ。一般市民が交通取締官に抗議しただけで、突然犯罪の被疑者にされてしまったのである。車に乗る人なら、明日は我が身ではないだろうか。19日間の拘束ののち釈放されたが、夫婦の闘いはそれからだった。

2人は、東京都（警視庁）と国（検察庁・裁判所）を相手取って国家賠償請求の裁判を起こし、事件発生から一応の決着がつくまで、9年1ヵ月の苦難の道程を歩むことになる。

警察相手の訴訟で一般人が勝てる確率はきわめて低い。法律のプロや裁判の経験のある人は別にして、ほとんどの人は、裁判では証拠資料が提出され、証人尋問もきちんと行われて判決が出されると思っているのではないだろうか。

しかし警察や検察は、不都合な証拠書類を徹底的に隠し、何人も名乗り出た目撃者の証人尋問も実施されなかった。裁判を起こした2人からすれば、公正な審判であるはずの裁判官が、自分たちに被害を与えた警察官や検察官らを守ろうとしているとしか思えなかっただろう。実際、よほどのひどい犯罪を公衆の面前で犯しでもしない限り、警察官や検察官などの責任を追及することは難しい。まさに「絶望の裁判所」を夫婦は目の当りにした。

それでも最終的に勝訴できたのは、不正に対して泣き寝入りせずに立ち上がり、最後まで信念を貫いたことに尽きる。警察相手の裁判で普通の人が勝ったことを記録に残しておきたいと、本書を世に出すことにした。

冒頭に示したように、自転車職務質問、一般の職質質問、納得のいかない交通取締りなど、不愉快な思いをした人たちの参考になるかもしれない。あるいは、交通取締りや職質に限らず、権力の横暴の前に心ならずも泣き寝入りせざるを得なかった人たちが、本書を読むことで闘いと勝利の〝仮想体験〟をしてくれてもいいと思う。この本に登場する夫婦がとった行動は、勇気を与えるかもしれない。

それでは、事件の朝から順を追って2人が歩んだ道をたどっていこう。

2009年10月11日（木）8：05～8：10頃

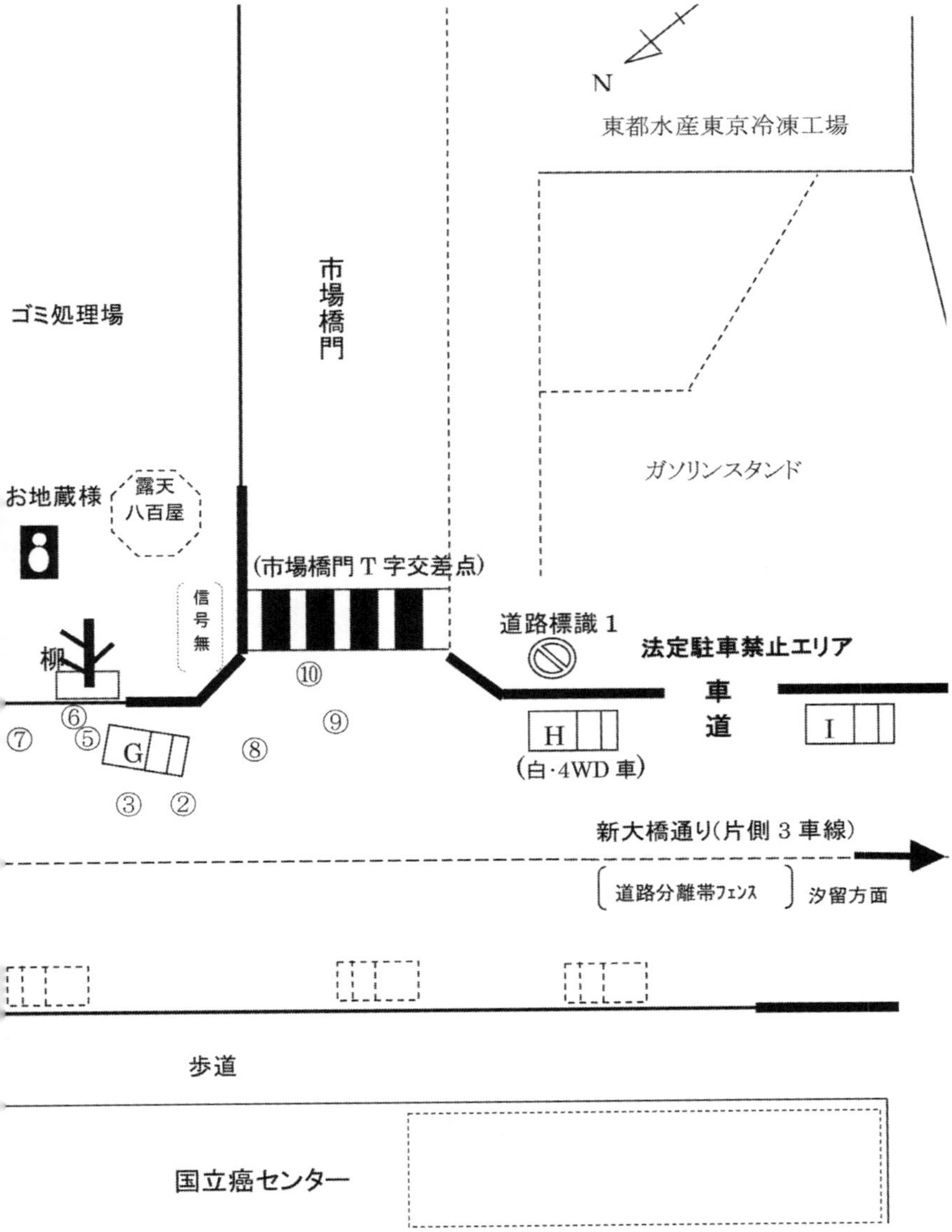

↘主に高橋巡査に鞄を突き付けられよろめいた所。⑦2人の警察官に突き付けられ逃れた所。⑤は、⑥⑦の間、高橋巡査が後ろを向いてトランク上に切符の束を叩きつけた所。⑧高橋巡査が左手を挙げてアピールした所。⑨妻が見物人に向かって証言を求めた所。⑩妻が証言者及び男性警官と話していた所。

築地事件現場の概略図（図 1）

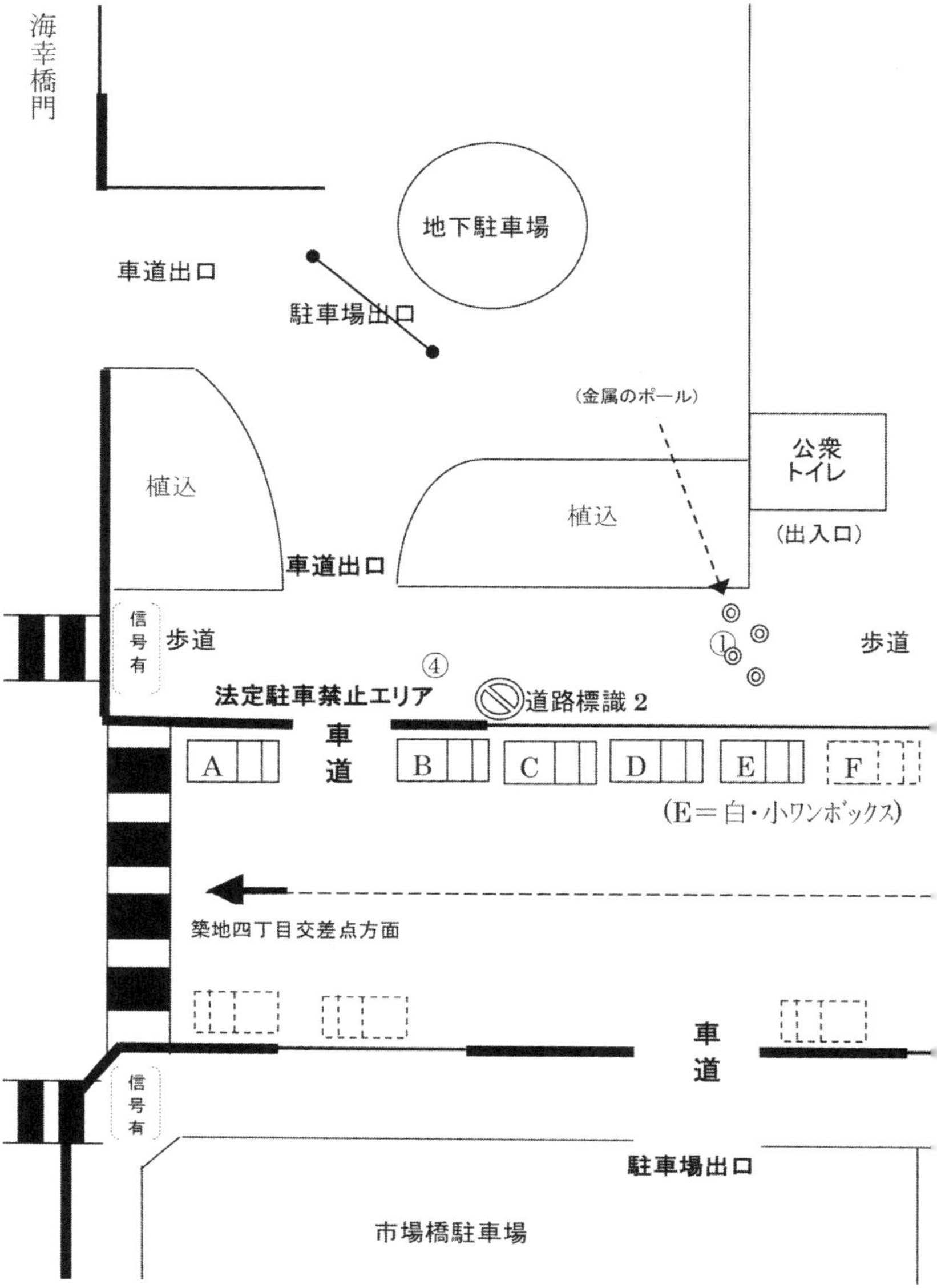

※二本松進の車がＧへ移動後、Ｆ辺りは空き、警察官らとの問答及び鞄突き付け行為の場となった。①進が電話を受けた所（便所前辺り）。②高橋巡査が立っていた所。③高橋巡査が指差しながら「謝りもしないで、今日は絶対行かせない…」と叫んだ所。④進が渡邊巡査部長に案内され標識について議論した所。⑥進が↗

事件の概要と主な登場人物（※年齢と役職は事件当時）

主な登場人物

二本松進　59歳　新宿の寿司店経営者。妻が運転する乗用車で築地市場に仕入れに来て、帰ろうとしたところ交通取締の高橋眞智子巡査長らに「法定禁止エリアだ」と言われ口論になり、「暴行を受けている」と高橋に虚偽の通報をされて公務執行妨害の現行犯で逮捕される。雪辱を果たすため国賠訴訟を提起。事件から9年後に勝利した。

二本松月恵　進の妻。事件当日は築地市場まで運転し、夫がでっち上げ逮捕されるのを目撃。彼女自身も警察と検察に取り調べられる。事件がもとで鬱病にかかるも、夫とともに最後まで闘う。

高橋眞智子　54歳　築地署交通課巡査長。二本松月恵が運転席に座りエンジンをかけているのに「法定禁止エリアだ」と述べ、二本松進に暴行されたと虚偽の通報をした。

渡邊すみ子　48歳　築地署交通課巡査部長。高橋とペアを組んでパトロール。高橋の行動を制止するどころか同調して二本松進を逮捕させた。

中島有侍　築地署組織犯罪対策課警部補。二本松進をはじめ関係者の取調べを行う。

前橋淳一　築地署同課巡査部長。同じく進らを取り調べる。

五島真希　東京地検検事。二本松進の勾留・勾留延長を請求し長期間拘束。二本松進から自白調書を取る。

小部正治　弁護士。国賠訴訟における二本松夫妻の代理人。裁判官忌避なども含め被告の国と東京都を追及。

今泉義竜　弁護士。二本松夫妻の主任代理人。文書提出命令や高橋の反対尋問などで勝訴のため奮闘。

事件の概要　その日、築地市場前で何が起きたか

シーン①　警察官が二本松夫妻の車を発見

二本松月恵は運転席に座り、夫の進が仕入れを終えて戻るのを待っていた。そのとき高橋巡査長と渡邊巡査部長は前方からやってきて一旦は車の横を通り過ぎ、また車のところへ引き返しはじめた。月恵は、その場を離れようとエンジンをかけて前方に一車両分以上移動した。警察官2人は「月恵は車の後方の路上に立っていた」と、あたかも夫の進が運転していたかのように仕向ける。

シーン② 二本松進と高橋警察官の遭遇

仕入れを終えた進が車に戻ると、右前方に高橋巡査長が立っていたので「発車しますのでそこを退いてくれませんか」と伝えた。高橋は「ここは法定禁止エリアだ」と一言。進は「運転手がいて出ようとしているのに取り締まろうとし、放置されている車を見逃すのはおかしくないか」との旨を伝える。高橋は、進がいきなり「10センチまで顔を近づけて、何が悪いんだ！　後ろの車をやれ！などと怒鳴った」と供述。

シーン③ 駐停車の標識問答

車の後方にある標識まで渡邊巡査部長と進が移動。標識を見た進は、配送や仕入れ関係の運転者がいない放置車も大目に見られるなら「私の車も仕入れ。仕入れならバンでもワゴンでも乗用車でも認めるべき」と言う。渡邊巡査部長は、「貨物車はいいが、仕入れでも乗用車はダメ」と説明した。

シーン④ 切符ケース突き付け

標識を見た後、渡邊と進は車の後ろまで戻る。高橋と渡邊が切符ケース（黒カバン）を進に突き付けて「免許証出せ！」と追いつめ、進はガードレールまで押されて倒れそうになる。高橋は車のトランクの上に切符の束を投げつけ「免許証出せ！」。進は「私は運転者じゃないのに、あなたたちメチャクチャだよ、本当に警察官？」と抗議する。高橋と渡邊は、「免許証提出を拒んだ進は、両肘で高橋の胸辺りを合計７～８回突く暴行を加えた」と全くのウソをつく。

シーン⑤ 運転席ドアの攻防と「逃亡」

切符ケースの突き付けが一瞬止み、進は半開きの運転席ドアの内側に立ち「帰らせてよ、営業妨害だよ」と言うと、高橋が外側からドアを両手でつかみ、進の体にドアを押しつけた。進は「いじわるはやめてよ」と言って外に出てドアを閉める。すると車両前方のボンネット横で渡邊と高橋は小声で話し始め、直後に高橋は無線機の端末を口に当て「暴行を受けています」と虚偽通報。高橋は、車が発車できないように自分がドアの内側に入り、進が外側からドアを強く閉め右手を負傷させられたと事実と180度違う主張をする。さらに、進が車に乗り込んで逃走を図ったので阻止したとデタラメ証言をした。

虚偽通報から約５分後、通報を受けた築地署員らがサイレンを鳴らして駆けつけ、二本松進を公務執行妨害の現行犯で、でっち上げ逮捕した。

シーン④

写真１—①

国賠訴訟裁判で原告である二本松進たちが自ら作成した再現写真。S（二本松進)、N（二本松月恵)、T（高橋巡査長)、W（渡邊巡査部長)。高橋、渡邊の両警察官が黒カバンを前に突き出して進に詰め寄った。進はガードレールまで押される。

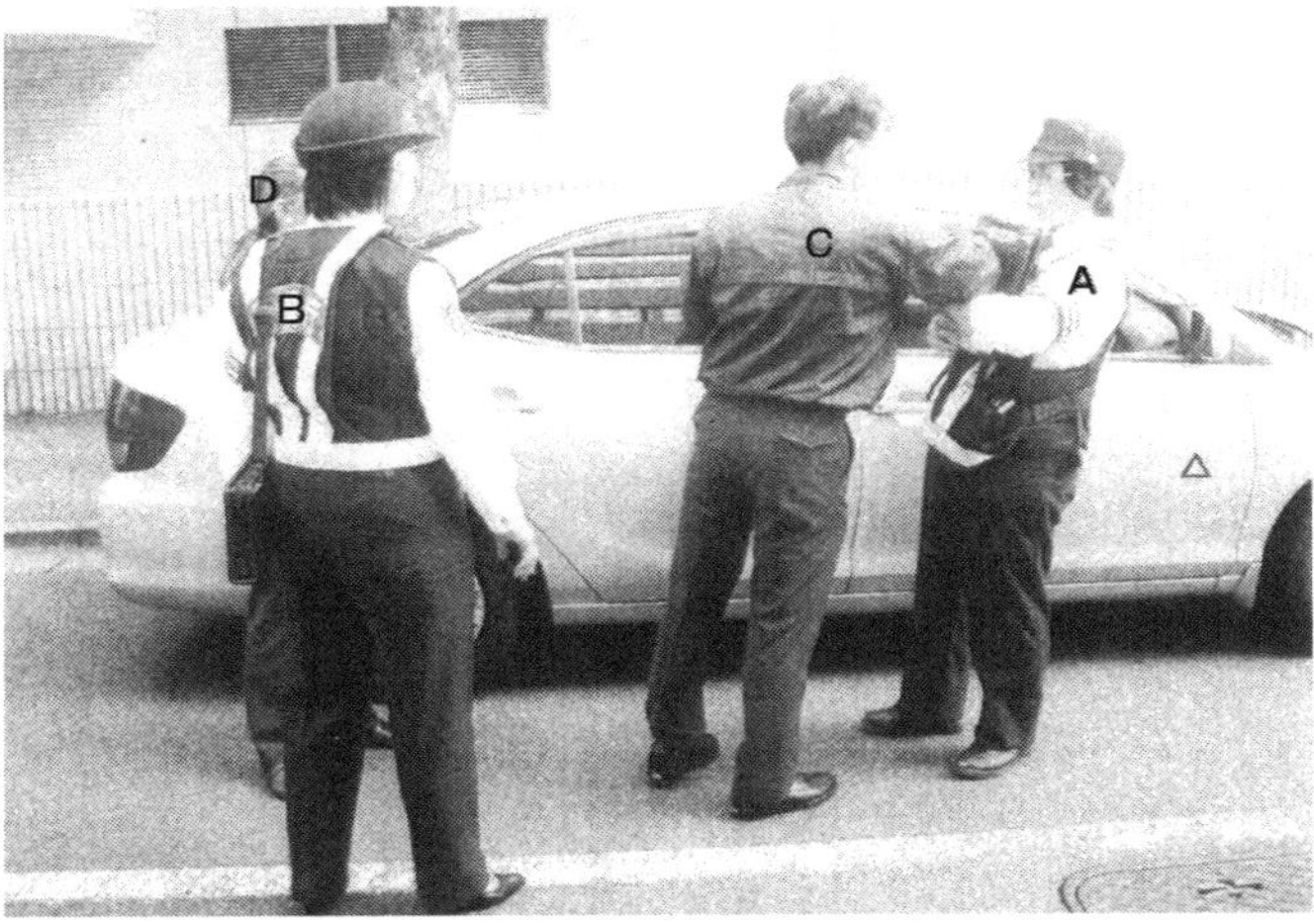

写真１—②

同じく国賠訴訟裁判で被告（東京都）が高橋・渡邊の両警察官の供述によって再現した同じ場面(「再現実施(写真)結果報告書」より)。A(高橋巡査長)、B（渡邊巡査部長)、C（二本松進）D（二本松月恵)。免許証提出を拒んだ進が左右の肘で交互に胸付近を突いてきたという。

シーン⑤

写真 2−①

原告二本松側の再現写真。二本松進は運転席ドアの内側に立ち、高橋警察官と口論。

②

③

写真 2−②、③

被告側（東京都）の同じ場面での再現写真（「再現実施（写真）結果報告書」より）。高橋・渡邊の供述による。二本松月恵が運転席に乗り、進はドアの外側に立っていたという。進が外側から運転席ドアを強く閉めたため、高橋巡査長の右手首にぶつかって負傷したという（公務執行妨害で逮捕）。

第1章　事件の朝——二つのシナリオ

激しい不安と圧迫のなかでもがいている。前後の脈絡は分からないが、なぜか車が盗まれてしまう。やめて！　と叫んで自分の車を追いかけるのだが、追えば追うほど車は遠くに持ち去られてしまい、焦燥感で息苦しくなる……。

はっと目が覚めると、まだ夜中の2時。隣で寝ている夫を起こさないように、そっと歩いて蛇口をひねり、冷たい水を飲む。しばらく座って呼吸を整え、また布団にもぐりこむ。

ときどき見る悪夢は、自分の車が出てくることが多い。それも、なぜか盗まれた車を捜しまわるパターンだ。２０１６年秋、あの事件からすでに9年が経とうとしているのに。

二本松月恵の受難は、彼女が運転するオックスフォードグリーンのＢＭＷから始まった。

２００7年10月11日午前6時40分、東京の新宿区で寿司店を営む夫の進（当時59歳）を車に乗せて築地市場に向かった。普段は夫だけが地下鉄で仕入れに行くが、野菜や果物などの仕入れの多いときなど週2～3回、夫を乗せて2人で市場に通っていた。この日は、いつもより30分以上寝坊してしまい、髪も整えず、化粧もせずにサッと着替えてそのまま家を出たのである。

夫の進は、大学を卒業した後サラリーマンとして働いていたが、やりたい事業を始めたいと独立した。美味い肴と美味しい日本酒をそろえた今までにない寿司店を作ろうと思い立ち、１９８６年に新宿区で店を開いた。雑誌やテレビなどでも次々と取り上げられて上客にも恵まれるなど、人気店として定着していたのである。

妻の月恵は、結婚する前はアメリカに行くことを目標に英語を勉強していたが、結婚後は家事のかたわら店を手伝い、そのころ進が始めていた貿易の仕事も手伝って、献身的に尽くしてきた。忙しい仕事をぬって、たまに小旅行するのが2人の楽しみだった。当時は港区の自宅から新宿区の寿司店に通っていたが、利便性を考えて店の近くに自宅を新築する計画も進んでおり、その日のランチが終わってひと段落する昼2時に、建築事務所の人と図面を見ながらの楽しい打ち合わせが待っていた。

だが、家を出て1時間25分後、この夫婦は、思いもかけぬ事件に巻き込まれ、奈落の底に突き落とされることになる。そこから立ち上がって一応の解決をみるまでの足掛け10年にわたる、夫婦とこの国の司法との闘いの物語を伝えよう。

放置車両は放任して発車しようとする車を取り締まる

東京の築地市場周辺の朝8時といえば、多くの仕入れ業者たちにとっては、一番忙しい時間帯が過ぎて一息つく頃合いである。国立がんセンターや朝日新聞本社のある大通りはもちろん、市場橋門交差点から市場内に通じる道の入口辺りまで、仕入れ関係の車が縦横無尽に駐車されている。車の持ち主は市場で仕入れ中だから、ほとんどの車には運転者がおらず、いわば放置状態だ。これが築地市場周辺の日常の風景であり、今も変わらない。

２００７年10月11日、朝8時ごろ。築地市場橋門近くにある20年余り通っていた露天八百屋前で事件は起きるのだが、事件の前・事件の最中・事件の後、つまり一部始終を至近距離で目撃していた人物がいる。場外の卸で働いている小川誠一だ。彼は早朝4時に出勤、配達や店頭販売、そのほかいろいろな仕事をしていた。

朝7時から8時の時間帯は、朝の仕事がひと段落して、店から出たゴミをまとめてゴミ集積所に持って行き、分別したゴミを指定場所に置く作業をする。それほど忙しい時間帯ではないので、ゴミ集積所の社長と雑談することもよくあるという。この小川に、二本松夫妻に何が起きたかを語ってもらおう。

「あの日も、いつもと同じようにゴミ出し作業をして、その社長と雑談していました。ゴミ集積所の前にはゴミ収集車が２台並列して止められ、その後ろ辺りですね。

作業もほぼ終わっていたのですが、そのとき目の前の柳の向こうに乗用車が止まり、女の人が乗っているのが見えました。この時間帯に乗用車が止まっていることは比較的少なく、しかも緑のＢＭＷだったので注意が向いたのかもしれません」

小川の言う女の人とは進の妻月恵のことだが、この時点ではまったく面識がなかった。彼が立っていた場所から柳の木までは5〜6メートル。車内に人がいたかどうか充分に確認できる距離である。

「すると婦人警官が（車の前方から）２人歩いてきて、その車を通り過ぎました。交通取締りだろうと思い、社長と『この忙しいときに駐車違反なんて取り締まらなくてもねぇ』というような話をしたのを覚えています」

朝は仕入れや集配の車が多く、路上に放置駐車されているのが常だ。しかし、それを取り締まっていたら仕入れ作業がはかどらないため、築地市場と築地署との「協定」ないし「暗黙の了解」「長年の慣習」等により杓子定規な交通取締りをすることはない。観光客の車は原則駐車禁止だ。

この辺りを管轄する築地署の担当者が交代で月に何回か巡回しており、その日パトロールしていた築地警察署交通課所属の高橋眞知子巡査（当時54歳）の相方は、渡邊すみ子巡査部長（48歳）である。

「婦人警官2人は乗用車のそばを通り過ぎたのですが、しばらくすると1人が戻ってきて乗用車に近づくのが見えました。運転席にいた女性が車を少し動かし始めたので、その場を離れるかと思ったのですが、前方の交差点ギリギリのところ、一車両分以上は移動したところで停まりました。

運転していた女性はハザードを出して停車したあと、体を傾け車内で何かごちゃごちゃとしている様子が見えたのですが、運転席の右前辺りに戻ってきた1人の婦警は、免許証提示を求めるような動作や会話をしている様子はまったくありませんでした。

ちょうどそのときに男の人が両手にビニール袋を提げて車に近づいてきて、その荷物を助手席に入れていたように見えました。その後婦警さんと男の人と言い争いが始まりましたが、このときはまだ会話の内容が聞き取れるようなものではありませんでした。自動車の往来や騒音もありよくは聞こえなかったんですが、男の人が『仕入れなんだから』とか言っている言葉が断片的には聞こえました。そもそも何なの？　という気がするんです。人が運転席に乗っているのですから駐車違反でもないです。いまだに、あの出来事が何だったのか分かりません」

仕事上の付き合いも面識もなかったので、この時点では「男の人」が二本松進であることを知る由もない。だから自分が見たことを正確に客観的に伝えようとするために、小川は最初「男の人」「その女性」と表現していたのだが、話が進むうちに次第に二本松という実名と奥さんという呼び方で語るようになっていった。

「２人が言い争いを始めると、だんだん周囲に人が集まり始めたので、私も５メートル先のガードレールのところまで歩いて行きました。

二本松さんと婦警さんは車の後ろに行ったりしながら『仕入れに来てるんだから同じでしょ』というようなことを言っていたと記憶しています。婦警さん（高橋巡査）は、異様に興奮して収拾がつかない感じでした（このとき後ろで待っていたもう１人の婦警も近寄ってきて加わった、と妻の月恵は言う）。

その後、もう1人の婦警さんと二本松さんが、車から離れて後ろの方に歩いて行ってやり取りしているのが見えました」

小川が見た「やり取り」とは、こういうことである。高橋巡査と進が争っているのを見たもう1人の警察官・渡邊すみ子巡査部長が進を促して、妻が運転席で待機しているBMWの後方約25メートルにある道路標識を確認しに行った。それは「貨物の集配中の貨物車を除く」と補助標識が付いた駐車禁止の標識であり、渡邊巡査部長はこの駐車禁止エリアでは「貨物車は放置駐車もいいけど、乗用車はダメ」との根拠を示したものである。進は20年以上も寿司店を経営し、市場には乗用車でも仕入れに来ており、今まで1人で来て放置駐車していても一度も取り締まられた経験が無かった。もっとも糖尿病を患って眼を悪くした5年ほど前から運転は妻がしていた。

感情的な対応をした交通巡査・高橋眞知子

事件から6年半が経った2014年5月30日、小川誠一とともに筆者は現場を訪れた。小川が目撃していた場所に実際に立つと、文字通り目の前で彼が一部始終を見ていたのだ

写真３　現場を指差す目撃者・小川

な、と実感する。進と渡邊巡査部長が見たという標識は、車の後方約25メートルにあるのを確認した。再び小川が振り返る。

「事件当時は、車道と歩道の間の緑地帯（50～60センチメートル幅）もなく、低い樹木もなかったから、標識のところで２人がやり取りしているのもちゃんと見えました」

実際に現場を見に行った時点（14年5月30日）では、高木の柳の街路樹以外に人の背丈ほどの低木が植樹されているため標識の周辺は見えにくかったが、当時は何もなかったのでよく見えていたという。

「しばらくして二本松さんと婦警さん（渡邊巡査部長）が車のところに戻ってきました。すると二本松さんと言い争っていた婦警さん（高橋巡査）が、車の後方で交通違反切符のカバンを前に突き出して迫っているような感じになりました。とにかく普通じゃなかったんです」

――普通じゃない、とはどういう感じだったのですか。

「言葉に表現するのはむずかしいんだけど……。もちろんお互いに興奮しているから大きな声になるのは分かるんですが、婦警さん、すごかったんですよ。後で検事さんにも言ったのですが、もう○○○○沙汰ですよ、って。こういう言い方をすると問題になるかもしれないですけど、尋常じゃない興奮ぶりでした。もし録音して普通の人に聞かせたらびっくりすると思いますよ。

たとえてみると、プロ野球でアウト・セーフを巡って主審と監督が大声で怒鳴り合っているがお互い手だけは出さないみたいな……。ヒートアップはしてましたけど」

主審と監督が両腕を後ろに組み、お互いに胸を突き出し口角泡をとばし言い争っている、テレビで何度か見たような光景が目の前に映し出されるようだ。一番最初にもめごとが起きたときは、そんなに言葉は聞こえなかったというが、興奮の度合いが進むにつれて、言い争う内容も聞こえてきた。

「『買い出しだから』『いいじゃないの？』『こっちをやるべき』……こんな言葉が飛び交

っていました」

「こっちをやるべき」というのは、築地市場周辺に仕入れのために多くの車が駐車されており、並列駐車や交差点内の駐停車禁止場所への放置駐車もある。取締りをするならそういう車を取り締まるべきではないか、という意味である。この時点になると、周囲には少なくとも数十人の野次馬が集まり、女性警察官と男の争いにくぎ付けになっていた。第三者の眼には、詳細は分からないけども運転席の女性ドライバーが出発しようとしているのに女性警察官が立ちはだかり、それに対して同乗者の男が抗議しているように見えた。

小川の率直な感想では「とにかく婦警さんは尋常じゃない興奮だった。そのときもう１人婦警さんがいたのですが、興奮しているのを全然止めようとしないんですよ。警察内の上下関係で上の者に言えないんだと思いましたが、後から知ったことですが、ヒートアップしていた体格のいい婦警さんのほうが年齢は上でも階級は下なんですってね。でもそのときは、場を仕切っていて私の方が上だという態度に見えました」。

「ウチで調べるから」と目撃証言を警察官が拒否

「そうこうしているうちに、二本松さんが開いていた運転席ドアの内側に立ち、外側に婦警さんが立って、ドア越しに言い争う形になりました。少し経って、あきらめた二本松さんは車とドアの間から出てきましたけどね」

ドアの内側、つまり車体とドアの隙間に立っていた進があきらめて出た後はどうなったのだろうか。

「二本松さんと言い争っていた婦警がもう1人の婦警さんに向かって、叩かれた、というようなそぶりで左腕を示して騒いでいました。

しばらくするとサイレンが鳴ってパトカーが到着しました。パトカー、覆面車、バン、白バイ、ミニパトを含め、私が覚えているだけで、少なくとも5台以上は警察関係車両がやってきました。刑事ら20人前後が駆けつけ凄いことなってきました。

婦警さんは、左手首辺りをパンパンと叩きながら『あの男です』と駆けつけた刑事たちに二本松さんを指差すと、刑事たちが3人掛かりで二本松さんを後ろ手にして手錠をはめている様子が見えました。二本松さんが腕で婦警さんを突き飛ばしたり、肘で突いたとかの暴力をふるったなんてことは全くありません。それは他の見物人たちもみんな見ているはずです。それなのに何事が起きたのかと思いました」

仕事上でもプライベートでも二本松夫妻とは全く接点がなく、もちろん会ったこともなかった。仕事がひと段落をしたときに、たまたま一部始終を目撃しただけである。その小川の眼には、運転者がいて約5メートル以上移動したあと明らかに一時停止してから再度出発しようとしていた自動車を、駐停車違反だと警察官が指摘し（実際には駐車違反でもなければ、なんの注意もされていなかった）、それにあとから帰車した同乗者と思われる男が抗議し、警察官との間で言い争いになったにすぎない。ところが、その警察官は異様に興奮し、サイレンが突然鳴って警察車両が何台も駆けつけ、有無を言わさず抗議者を逮捕した。これが、小川を含む数十人以上の第三者が見た事件の概要である。

逮捕容疑は公務執行妨害罪の現行犯であり、そのまま築地警察署に連行されて警察官に暴行をふるったという虚偽の自白を強要され、否認すると19日間勾留された。

結果は不起訴となったが、警察、検察、裁判所の理不尽な扱いを許せなかった二本松夫妻は、釈放されるや、すでに勾留状で知っていた高橋眞知子巡査以外に、直接関わった中島有侍警部補、前橋淳一巡査部長、渡邊すみ子巡査部長の名を築地署に行って確認し、釈放日のちょうど2年後の２００９年10月29日、東京都と国を相手取って国家賠償請求訴訟を起こしたのである。

そのときまで公務執行妨害という言葉さえろくに知らなかった二本松夫妻だった。

再び目撃者・小川誠一の話に戻ろう。

「実は、私が目撃証言する気になったのは、二本松さんが逮捕された後の警察の対応に疑問を持ったからです。二本松さんが手錠をはめられて拘束された直後、パトカーのアナウンスで『見てた方いらっしゃいますか』と言うんです。現場のすぐそばに公衆トイレがあり、その前に白シャツに紺のベストを着た警察官がいたので、私は『見てましたよ』と言いました。

その警察官には即座に『あなたはいいよ。こっちで調書を取るんだから』と断られました。『見てた人いますかと探してたから見てたと言うのに、なんだその言い方は、失礼なやつだな』と私は言いました。

周囲で見ていた人も理不尽なことが繰り広げられていることに、警察に対して『お前らふざけんてんのか』という雰囲気でしたね。すぐに背広を着た刑事のような人が来て、『私はどういう状況か分からないんですけど、ちょっと詳しくお話聞けますか』と言ってきたので、私は見た通り、暴力なんてなかったことを話しました。そして、住所、氏名、勤務先、携帯・自宅の電話番号など聞かれるままに答えました。

午後2時ごろになって警察から電話があり『1時間ほど話を聞きたいので来てくれ』と言われましたが、聞きたいなら警察が来るのが筋で、なんで時間をかけて警察署まで行かなければならないのか納得がいかなかったし、そもそもきちんと目撃したことを話そうとしたら現場の警察官が『こっちでやるからいいよ』と言ったわけで、失礼でしょ、という話です。

見たことはすべて話したのでいまさら付け加えることはないと思い、断りました。

翌日、運転席に乗っていた女の人、そのときにはもう警官と渡り合っていた人の奥さんだと分かりましたが、奥さんが紙をもって目撃者を捜していました。そのとき私は電話番号や氏名を伝え、後で弁護士さんから連絡があり、見たことを話したわけです。

二本松さんが逮捕されたとき、奥さんが周囲に群がって見ていた人たちに『見てましたよね、見てましたよね!?』と必死に呼びかけていたのを覚えています。

するど警察の人が、無理やり奥さんを車の中に入れてしまった。警察が自ら目撃者はいないかと呼びかけ、それに答えようとした私の証言を取りあげず、目撃者たちに話してもらおうとした奥さんを車の中に入れてしまうのはおかしい。素直に、周囲の人たちに聞けばすべて分かることです。いま振り返って思うのは、二本松さんが警察官に暴行を働いたという目撃者だけを捜して、暴力行為はなかったという目撃者は一切無視するということだったのでしょう。

これが事件が起きる前、事件の最中、事件の後（逮捕された後）まで私の眼で見たことです。ほかの何十人もの見物人も同じでしょう」

警察が描いた驚愕のシナリオ

事件の全容を目撃した小川誠一の話は以上である。では、二本松進を逮捕した警察は、事件をどのように描いていたのだろうか。事件二日後に裁判所が出した勾留状の別紙「被疑事実の要旨」を見よう。

《被疑者は、平成19年10月11日、午前8時10分ごろ、東京都中央区築地5丁目2番東都水産東京株式会社東京冷凍工場前路上において、制服で駐車違反取締中の警視庁築地警察署交通課勤務の巡査高橋眞知子（当時54年）から免許証の提示を求められるや、「後ろにトラックが止まっている、差別するな」等と怒号し、同巡査の胸を7～8回突くなどの暴行を加え、更に被疑者の逃走を阻止し、逮捕しようとした同巡査が、被疑者使用車両と開いている運転席側ドアの間にいるにもかかわらず、前記車両の運転席側ドアを閉めるなどし、同巡査の右手にドアを強くぶつけるなどして同巡査の職務執行を妨害し、同巡査に対し、前記暴行により全治約10日間を要する右手関節打撲の傷害を負わせたものである。》

暴力的な男が警察官に駐車違反を指摘されて逆上し、警察官に暴行したというのである。だが、これはあくまでも警察が示した〝あらすじ〟である。壮大な芝居を描くには、人物描写、場面ごとの詳細、話の展開やどんでん返しが必要だ。そこで、実際に起きた出来事に様々な〝事件〟を肉付けしてある「現行犯人逮捕手続き書」を、時系列に沿って見てみる。句読点の位置が不適切なので読みにくいが、少々我慢して読んでいただきたい。

左右の手をL字に曲げて両肘で交互に警察官の胸付近を暴行？

《本職ら（渡邊すみ子巡査部長、高橋眞知子巡査）は、本日午前7時30分ごろから管内中央区築地5丁目2番、新大橋通り上の駐車違反を徒歩で取締中、同午前8時05分ごろ同番地に車の方向を汐留方向で交差点付近に駐車している深緑色のＢＭＷ社製の自家用普通乗用自動車ナンバー□□□が放置駐車違反と認め近づいたところ年齢45歳前後髪短く、ベージュ色、ジャケット、黒スラックス、細身の女性が同車両の右後方に立っていたので、渡邊巡査部長がその女性に対し駐停車禁止場所ですので直ちに移動してくださいと警告した。

するとその女性は、運転席に乗り込みエンジンを駆け（ママ）前に20センチくらい前方に動かしたが、移動する気配がなく、誰かに携帯電話をかけている様子だった。

本職らは車両の状況を監視していると年齢60歳くらい、身長165センチくらい、中肉、メガネをかけ、青色ジーンズシャツ、スラックス姿。左手に白のビニール袋を提げた被疑者（二本松進）が高橋巡査に近づいてきて大声で怒鳴りながら、何が悪いんだ、後ろの車をやれ。等と怒鳴ったことから渡邊巡査部長が今の時間帯は貨物車両は違反にならないんですよ。と標識を確認させながら説明し高橋巡査が貴方が違反者でしたら駐停車禁止違反で切符告知します。と告げ免許証の提示を求めたところ出す必要はない、何で見せなければならない。等と更に興奮し、左右の手をＬ字に曲げ高橋巡査の胸の等（ママ）を３回小突いてきたので高橋巡査は止めなさいと警告して、暴力行為を辞め（ママ）させようとしたが、被疑者はうるさい等と怒号しながら、更に胸を４～５回小突いて来るので、高橋巡査は被疑者に公務執行妨害になる旨を告げると、被疑者は自家用車のほうに戻り逃走の気配が見受けられたことから、高橋巡査は、署活系無線機で本署に応援要請をすると共に、逃走阻止と逮捕するため同車両の右側ドアに近づいたところ、同巡査をめがけてドアを閉め右手首を挟む等して正当な職務の執行を妨害したので公務執行妨害の現行犯人と認めた。

高橋巡査と渡邊巡査部長は、逮捕する旨を告げると、あの程度の暴行で大騒ぎして、警察は横暴だ逮捕できるならやってみろ、ふざけるんじゃねえ等と怒号し両腕を振り回して逮捕を逃れようとしたが、応援で駆けつけた交通課谷津警部補が被疑者の前に立ちはだかり、地域係藤岡巡査部長が右手を押さえ、本宮巡査が左手を押さえ手錠を掛けて逮捕した。

証拠資料の有無　　無し

本職らは平成19年10月11日午前８時26分被疑者を警視庁築地警察署司法警察員に引致し

た。》

粗野な初老の男が女性警察官に暴言を吐き、暴行まで働いたあげくに現行犯逮捕された、ということになっている。

さらに、時系列かつ場面ごとに築地署が描くシナリオを見ていくとしよう。

変わる暴行の方向・態様・場面

ペア2人の巡回ルートが逆

高橋眞知子巡査が事件当日に築地警察署警察官に述べた供述調書によれば、高橋巡査が所属していた交通課交通執行第2係の勤務は、朝番・普通番・遅番にわかれており、事件当日、高橋・渡邊両名は、早番として朝7時30分に自転車で築地署を出た。築地四丁目付近に自転車を停めたあとに汐留方面（南方面）に向かい徒歩で現場のパトロールを始め、朝日新聞社あたりでUターンして再び築地四丁目方面へ進んだときに二本松夫妻の車を発見した。しかし、同行していた渡邊すみ子巡査部長の供述調書によると、高橋巡査の供述とまったく逆で、車発見場所より北方面の築地四丁目方面から汐止方面（南方面）へ歩きそのまま二本松夫妻の車に遭遇したとなっており、Ｕターンしたとは供述していない。

忘れたのかもしれないが、事件関係者とその車両を発見したときの状況だから、詳しく供述するはずである。まして２人とも警察官というプロなのだ。シナリオの第一幕冒頭部分から、齟齬をきたしている。

「女性」は路上に立っていた⁈

次に高橋・渡邊両警察官によれば、最初に乗用車を発見したとき、女性（月恵）は車の後方に立っていたという。つまり、車内に運転者がおらず車は放置されていたというのである。目撃者・小川や名乗り出たほかの目撃者たちの証言のように、運転手が運転席にいてエンジンをかけ、いつでも動かせる状態であったなら、交通違反ではないから取締りの対象にもならず、その後のシナリオがまったく成り立たなくなってしまう。

「警告しても20センチしか移動しなかった」という無理

２人の警察官は、「停車してあった車の後方の路上に立っていた女性に駐停車違反になると警告し車の移動を促したが、約20センチしか動かさなかった」と言う。高橋巡査の員面調書（築地署捜査員に供述した調書）には次のように書かれている。

《その車の後方に立っていた女性に渡邊部長が「すぐに移動してください」と警告しました。その女性は、エンジンをかけ約20センチメートル前進したのですが、すぐに停めてしまったのでかえって交差点に近づいてしまったのです。私はすぐに移動すると思っていたのに、少し動かしただけでそのまま動かさないので、女性に対し「すぐに移動してください」と警告したのです。すると、女性は後部座席からバックをとり、中から携帯電話を取り出して、どこかに電話をかけ始めました。》

しかも、高橋巡査はその5日後の五島真希検察官作成の検面調書では、「渡邊の移動警告に対し『なんなのよ？』などと言いながらもエンジンをかけたが、20センチくらい前進させただけですぐにまた停めてエンジンも切ってしまった」と、〝警察の命令に反抗する人物像〟を描き出している。

目撃者・小川誠一は、高橋・渡邊両警察官が車を通りすぎた後くらいに、「運転席に座っていた女性は、一車両以上、つまり5〜6メートル程度前方、交差点ぎりぎりのところまでに進んで一旦停止した」と証言しているのであるから、警察官が警告して運転手が20センチだけ動かした様子などまったく見ていないのだ。

築地署は、この〝移動警告〟のあとはどのようなシナリオを描いていたのであろうか。《(その女性は) 1分くらいで電話を切り、その後2～3分後に車両の前方から先ほど話した男性が白いビニール袋を提げて歩いてきたのです。男性はいきなり私の顔に10センチメートルくらいまで自分の顔を近づけ「何が悪いんだ。後ろの車をやれ、貨物車と乗用車の差別をするな。」と怒鳴ってきたのです。》(当日の高橋員面調書)

ここから、二本松進が警察官に対して暴行をふるい、公務執行を妨害したという本題に入っていく。

乗用車で仕入れする場合は違反なのか

10センチまで自分の顔を近づけてきて怒号したとする男性に対して高橋は、どのように対応したというのだろうか。再び供述調書から引用する。

《渡邊部長が、「後ろの車は貨物車であり、午前5時から午後0時までは貨物車は駐車しても違反にならないですよ」と説明し、後方20メートルくらいにある標識のところまで男性と一緒に駐車禁止標識の確認に行き、説明しましたが男性は納得する様子もなく「みんな市場にきているんだから乗用車も貨物車もないだろう」と言ってきた》という。

その標識とは、「5―12の貨物の集配中の貨物車を除く」という補助標識のことである。宅配のようにモノを届けるための車を集配中の貨物車といい、このような車ならこの時間帯は長時間の放置駐車も許されるという補助標識である。

しかし現実として、周辺に停めてある多くの車両は、標識が指定する「集配中の貨物車」とは異なり、築地市場の仕入れに使用されているもので、仕入れや食事も含めて長時間路上放置されている。だから、「貨物の集配中の貨物車」≠「仕入れの車両」というのが実態だ。つまり、二本松夫妻の乗用車は、築地市場入口一帯に駐停車してある車と同じ仕入れ車である。また進は、標識近くの横断歩道や車道の駐停車禁止場所に放置駐車されていた2台の貨物車の明白な違反にも気がつき、渡邊に「こちらの方を優先して取り締まるべきじゃないの？」と指摘したという。この点を主張しても、2人の警官は答えることもなくただ頑として聞き入れない様子が目に浮かんでくる。

ここまでのシナリオを再確認すると、まず女性に二度移動するよう警告すると、20センチしか移動せず、携帯電話で1分くらい誰かと話をし電話を切った。その2～3分後に男が現れる。渡邊巡査部長が貨物車の放置はいいけど乗用車はだめと説明したが男は納得しなかったため、後ろの標識を渡邊と一緒に見に行って戻ってきた。

車のところまで戻ると、つぎのような会話になったと高橋は供述している。

男　みんな市場にきてるんだから乗用車も貨物車もないだろう。

高橋　この場所は駐停車禁止場所です。免許証を見せてください。と「その男女両方に向けて言ったのです」

男　なにが交差点だ。免許証なんか見せる必要はない。

高橋　駐車違反として切符を切りますから免許証を見せてください。

高橋は何度も免許証提示を求めたという。しかし男はさらに声を高らげ……。ここから「高橋供述調書」は、いよいよ暴行シーンに入っていく。

《「何が駐車違反だ。これが違反なら他の車も違反だ」等と言いながら、今度は私の胸等を両肘等で強く突いてきたのです。渡邊巡査部長が男性（被疑者）に対し、「警察官に暴行を加えることは、公務執行妨害です。逮捕します」と告げましたが、私を強く突く等の暴行はやめませんでした。》

言葉遣いの荒い乱暴な男が一方的に暴行を加えている様子が供述されている。この場面の前後について、相方の渡邊供述調書では次のようになっている。最初に高橋が男に警告したところから引用する。

《高橋巡査長が、今の時間帯は、貨物車両は違反にならない旨を説明しました。すると男は、高橋巡査長の顔に触れそうなぐらいに自分の顔を近づけながら、大声で、何でダメなんだよ　差別じゃないか、などと怒鳴り、さらに男は、俺だって貨物だ、などと言いながら、乗用車のトランクを開けながら怒鳴りました。

私達は、男に納得してもらうために、付近に設置してある道路標識を確認させながら説明したにもかかわらず、さらに、何が悪いんだ、差別だ、などと興奮して怒鳴り続けました。男が納得する素振りも認められなかったので、高橋巡査長が、男と女性に向かって、駐停車禁止違反で切符告知する旨を告げ、免許証の提示を求めました。

すると男は、ますます興奮した様子で、大声で出す必要はない　何で見せなければならないんだなどと怒鳴りながら、左右の腕をL字のように曲げた格好で、高橋巡査長の胸付近を3回くらい肘打ちして小突くなどの暴行を加えてきました。

高橋巡査長は、とっさのことだったので避けることもできず、体をよろけさせて後ずさりしながら、男に対して止めなさいと警告したのですが、男はうるさい、などと怒鳴りながら、さらに高橋巡査長の胸付近を3回くらい肘打ちして小突くなどの暴行を加えてきました。》

ここまでの二警察官の供述を整理すると、高橋巡査が免許証提示を求めると、男は「手をL字に曲げ高橋巡査の胸を3回小突いた」。高橋は止めなさいと制止しようとしたが、男は「更に3回くらい肘打ちして小突」いた（渡邊員面調書）。ただ、現行犯人逮捕手続書では、2回目の暴行について「更に胸を4～5回小突い」た。回数が違っていることについての説明はなし。ともかく、二度にわたり高橋の胸付近を男が両肘をL字に曲げて交互に小突いたということになっている。

ところで、「L字に曲げた両肘で、よろけて後ずさりする柔道家のような女性警察官の胸辺りばかりを交互に連続して強く突く」とは、具体的にどのような暴行なのだろうか。二通り考えられる。

第一に、手首を上にカマキリのようなかたちで交互に肘を上下させて相手の胸辺りを突く。第二に、握った拳を胸の前辺りでつけるようにして肘を横に張り交互に相手の胸辺りを打撃する、という方法だ。試してもらいたいが、両方とも技術的にかなり難しい、というよりほとんど不可能である。逮捕術を身につけている警察官に対してなら論外である。

のちに二本松夫妻は不当な逮捕であるとして東京都（警視庁）と国（検察庁・裁判所）を訴えたのだが、そこで明らかになった被告ら作成の証拠書類だと、暴行の態様（暴行の詳細）が少なくとも6通りに変化しており、実際はどのような暴行かさえ不明なのである。

この点に関しては後述する。

「左手」負傷が翌日には「右手」に変わる

切符カバンを突き付けて免許証を求めた渡邊・高橋両警察官に対し、両肘で男が高橋の胸あたりを突く暴行に及んだというのが警察のシナリオである。つづいて運転席のドアを男が押し閉めようとして高橋の右手首を負傷させたという場面に移る。

高橋は《逃走阻止と逮捕するため同車両の右側ドアに近づいたところ、同巡査をめがけて同車両のドアを閉め右手首を挟む等して正当な職務の遂行を妨害したので公務執行妨害の現行犯人と認めた。》（現行犯人逮捕手続書）

高橋の当日の供述調書になると、少し詳しい描写が加わっている。逮捕すると告げても男は高橋を突くなどの暴行を止めなかった。

《その時その車の運転席側のドアが開いており、私はその開いたドアの内側に立っていたので、ドアの外側に立っていた男性が急にドアを両手で押して閉めてきたのです。ドアの窓枠付近部分が私の右手首付近に強くあたり、強い痛みを感じ、そのうち、その部分がみるみるうちに赤く腫れてきたのです。》

15頁の写真２—③を見ても分かるとおり、仮に外側から男がドアを閉めたとしても、右手が窓枠部分に強く当たるはずもない。

さらに、この供述から５日経った10月16日、東京地検の五島真希検事による調べを受けた高橋は、次のように供述している。

《そのとき、女性の方も近くにいて、「何するのよー。」などと言っていたと思いますが、私が気づいたときには、女性は運転席に乗り込んでおり、運転席のドアは45度くらい開いた状態になっていました。

私は、逃げられては困ると思い、車が発進できないように、開いていたドアと車体の間に、自分の体を入れて前方向を向いて立ち、ドアを閉めさせないようにしました。しかし、それにもかかわらず、ドア付近に立っていた男性が、急にドアを閉めようとしたので、私は、とっさに右手で閉まってくるドアを押さえ、ドアが閉まるのを阻止しました。

当然、閉まってきたドアのドア枠に私の右手首の小指側に強く当たり、強い痛みを感じました。当たったのは、ドア枠の、窓とドア部分の境目くらいのあたりだったと思います。そして、その部分はみるみる赤く腫れていきましたので、このとき、「あ。ぶつかった。」と言って、男性にもその怪我した部分を見せました。

そして長（チョウ）さん（渡邊すみ子）が、「公務執行妨害で逮捕します。」と言い、その後しばらく4人で言い合いのようになりましたが、気づいたら、女性は助手席に乗っており、男性も運転席に乗り込んで車を出発させて逃げようとして、実際に右前方に少し車を動かしました。ですから、私と長さんは、車の右前方に立ち、逃走を防止していたところ、その後まもなく求めていた応援の警察官が来てくれ、その場で現行犯逮捕することができたのです。》

高橋が主張するストーリーは以上だ。しかし、渡邊は、事件当日は「(進が）運転席側のドアを力いっぱい押して閉めようとしたのでした。その時に高橋巡査長の、右側の腕が、まともにドアで打ち付けられました」と供述していたのに、2週間後の五島真希検事の調べに対しては「打ち付けられる場面は見ていなかった」と全く違う内容に変遷している。

男が女性を乗車させて走り去ろうとするには、ドアの内側に入って運転席に乗り込み、それを阻止しようとする高橋巡査が外側からドアを抑えるのが自然ではないのか、という疑問が湧くのが普通だろう。右の渡邊と高橋の供述だと、直前まで男が半開きのドアの外側からドアを強く閉めようとしていたとなっている。その状況でなぜ男が運転席に乗り込めるのだろうか。たとえば運転席と半開きのドアの間にいた高橋が外に出され、その隙に男が入ったとか、そういうプロセスの描写が一切ない。

さらに驚くのは、高橋が《気づいたら、女性は助手席に乗っており、男性も運転席に乗り込んで車を発車させて逃げようとして、実際に右前方に少し車を動かしました》と供述していることだ。

いつの間にか女性は運転席に座っていた↓半開きのドアごしに4人で言い争いのようになった↓気づいたらいつの間にか女性が助手席に移っていた↓気づいたらいつの間にか男が運転席に乗り込み車を急発進させた。なんとも不思議な話だが、〝いつのまにか〟女性が助手席に移動していないと、〝いつのまにか〟入れ替わりに男が運転席に乗り込めない。高橋と渡邊両警察官の目の前にいた女性が、高いコンソールボックスを跨いで車内で席を移動し、かつ多数の目撃者の誰にも気づかれずに移動していたというのである。

その後も、再現写真報告書や裁判になってからの陳述書、あるいは証人尋問で供述が二転三転するのだが、初期段階のシナリオはこれで終わる。

第2章 真実——夫婦が語る事件

〝ならず者〟にされた夫婦

「何が駐車違反だ」「やれるもんならやってみろ」と、女性警察官に暴力をふるったという寿司店店主。その妻は、交通警察官の移動命令に対して「なんなのよー」と反抗的な態度をとったという。警察が描いたシナリオによれば、二本松進と妻の月恵は〝ならず者夫婦〟ということになる。では、その夫婦の話に耳を傾けてみたい。

夫の進は、大学卒業後は大手企業に就職し、人事、総務、営業企画、市場開発、営業、製品開発など幅広い分野で経験を積んできた。その間に、中小企業診断士として診断協会の理事や商工会連合会の景況分析委員なども務める。

特に商品開発を視野に入れたマーケティングの分野に明るく、38歳のときに独立して会社を創設した。現在まで経営をつづける寿司店はもとより、一時期は外国と合弁会社をつくり貿易を行なっていた。現在は寿司店に集中している。

美味しい料理と美味しい酒に眼がなかった進は、〝鮨茶屋〟という新分野を切り開こうと考えたのである。なぜなら、寿司は旨くても酒がまずいという寿司屋ばかりで、「美味い日本酒と酒肴がそろっている寿司屋があったなら、どれほど喜ばれるだろう」とかねがね思っていたからだ。

それまでまったく包丁を持ったこともなかった進は、居酒屋、寿司学校、寿司屋をまわって修行を重ね、短期間に現在の鮨茶屋を開店させた。多くのファンもでき、店は繁盛していった。とくに事件が起きる少し前ごろから、テレビ、雑誌などでも取り上げられることが増え、名店に成長していたと言っていいだろう。

一方、妻の月恵は、両親とも大学教授という教育者の家に生まれ、厳格な環境で育てられた。何かを学ぶことが好きな子どもだったという。進と知り合う直前は、渡米に備えて英語を本格的に勉強していた。進が貿易を開始してからまもなく他の会社から転職してきた月恵は、進とともに辛抱強く貿易交渉などの大変な仕事をつづけた。そうしたこともあって結婚することになり、結婚後は家事や会社の手伝いで夫を支えてきたのだ。

進は、新宿区に寿司店を開店させてから10年間ほどは、ほぼ毎日築地市場に仕入れに出かけ、野菜や果物の仕入れが多いときは自ら車を運転していた。だが、事件の5年ほど前からは糖尿病の影響により視力が低下し1年前に手術もしていたので、進は完全に運転を止め、妻に運転を依頼するようになっていた。特に事件当時店は繁盛していて、会社設立以来の相棒・甲斐日出男専務の病気で仕入れも1人しかいなかったので、約1年間、市場休日以外は毎日仕入れに通っていた。早朝から深夜24時まで一日も休まず働き詰めのハードな状態だったのである。事件当日の２００７年10月11日の朝も、妻の運転で築地に向かった。

事件の実際はどうだったか、まず妻の詳細な話を聞いていくことにしよう。月恵は、膨大な量の陳述書を裁判所に提出しており、以下の内容は、その陳述書とほぼ同じである。

妻・月恵の話

当時港区に自宅がありましたが、事件前日の夜は仕事が遅くなり店の近くに借りていた倉庫兼部屋に泊まりました。翌朝は、借家から歩いて約3分の所にある駐車場まで小走りで行き、車（会社所有）を私が運転して、目当ての野菜などが売り切れる前にと、築地市場へと急いだのです。

寝坊したのでいつもより少し遅れて6時40分ごろ出発し、7時ごろ築地市場に到着しました。この日は遅れたため、事件現場近くの露天八百屋辺りに駐停車の空きがなく、主人をひとまず降ろしてから市場橋門交差点から30メートル後ろの標識（1章で警官と進が見て言い争った標識）の辺り（10～11頁図1のC）に停車しました。

主人は、野菜、果物などを確保するため八百屋に急ぎました。私は運転席に座ったまま、野菜や果物の箱を積み易い場所に移動したく、前方の空きを待っていました。まもなく、公衆トイレ前辺り（図1のE）の車が出るのを見て、すぐさまそこへ私が運転して停車したのです。

７時15分ごろ、主人が注文した野菜・果物等の箱を、露天八百屋がいつものように長い台車で運んできて後部トランクに積みましたが、それだけでは積みきれないので、私は外に出て整理しながら後部座席にも入れました。この満載の写真も後で警察に撮られました。主人は魚介類の買い出しのため場内に向かいましたが、私はその間いつものように運転席に座ってラジオ（ＡＭ８１０ニュース）を聞きながら待っていました。

すると、60歳過ぎくらいの白い小ワゴンの男性がノックしてきて、後方に手振りしながら「少し後ろに寄せてくれる？」と言いました。私の車の前に停車したかったようです。しかし、私は、左側に公衆トイレの出入口が見える場所が嫌だったので、「前に寄せます」と言うと、「アッ、そう」という反応でした。私は車を前に進め、柳の木より気持ち後ろ（図１のＦ）に停車しました（第一章に登場した目撃者・小川は、この時点ではじめて、女性が緑色の車の運転席に座っているのに気づいたという）。

「後ろに寄せてくれる？」と言ってきた男性は、先ほどまで私が停車していた場所に駐車し、長靴に履き替えて当たり前のように車を放置してそのまま場内に仕入れに向かったのを、はっきりと覚えています。

座っている運転席から斜め左前にお地蔵様が見えたのも記憶に残っています。年配の女性がお地蔵様に水をかけて洗い、お花を供える光景を眺めながら「こんな早く来てお花を供える人がいるんだぁ」と感心したからです。

7時50分ごろ、一旦場内市場から戻ってきた主人から渡された新鮮な甘エビ等を他のものと区別しながら後部トランクに入れました。その時、主人は枝豆を買い忘れたと言って、近くの場外市場の八百屋へと急ぎました。

女性警察官との遭遇

すぐに戻るはず、と運転席に座って主人を待っていました。私は寒くて早く帰りたかったことを覚えています。この日主人は、ランチタイム11時～14時までの勤務だけでなく、10時と14時に人とのアポがあったので特に急いでいたのです。

すると、車の前方のガソリンスタンドの先のほうから、ペアの警察官が歩いて来るのが見えました。ガソリンスタンド辺りまで来て、私から見て一番前（法定駐停車禁止場所）に止まっていた白の4輪駆動車を覗いてはまた談笑しながら、真正面から私の車の方向へとゆっくり歩いてくるのが見えました。

あまりにも真正面なので気まずいと感じ、楽しそうに談笑しながら向かってくる相手にも気をつかい、横を向いたり、下（自分の手）を向いたりして顔を合わせないようにしておりました。後で知った高橋巡査の供述や五島真希検事の『無視されて「ムカッ」としたようよ』との話などを鑑みれば、このことが「この一帯を取り締まる権限をもつ自分達が無視された」と気分を害し、再び私の車のほうに戻るきっかけになったのかもしれません。

もちろん私は運転席に座っていれば駐車違反ではないということも分かってはいましたが、寝起きのままで顔を合わせるのも避けたかったので、もし何か言われそうだったらすぐ移動しようと思い、運転席でじっとしていました。

すると、２人は私が座っている運転席の真横を一旦通り過ぎて、後ろの小ワゴンの放置車両を見ている様子でしたが、１人の婦警（高橋眞知子）が私の車のほうに戻ってくる気配を感じましたので、すぐエンジンをかけて発車したのです。ガソリンスタンドと市場正門の間ぐらいの前方に行って停車すれば、急ぐ主人が戻っても迷わないと思いゆっくり走り出しました。

ところが走り出してみると、路上駐車も多く前方には停められそうもない様子でしたし、このまま車の流れに乗ってしまうと、すぐに戻るはずの主人が車を探すことになってしまい、余計に遅くなってしまうと頭によぎったのです。

そこで私は5メートルほど進むうちに車の流れに乗らずハザードを出し、市場橋門交差点の横断歩道の手前付近（図1のG）に一旦停めました。こういう状況でしたので車体はやや右斜めになってしまいました。

まずは主人に「この場から離れる」と伝えなくてはと、私はエンジンをかけたまま後部座席の足下に置いてあったハンドバッグを取り携帯電話を探し出そうとしましたが、仕切りの多いハンドバッグだったのですぐに出てこず、少し時間がかかりました。このとき高橋巡査が右前方辺りで見ているような動きを感じはしましたが、すぐ離れようと思ってましたので、あえて目を合わせず主人に携帯電話をかけ「何しているの？　早くして」と言いました。その途端、「もう近くまで来たよ」との返事があったので、運転席から顔を左後方に向けたら、主人が公衆便所出入口前のポール（図1の①）を通りながら携帯電話を耳に当てたまま急ぐ姿が見えましたので、すぐ電話を切りました。私は電話を切ってからでも高橋巡査に会釈でもすれば何もなかったのにとか、このタイミングで主人が戻って来なければ……とか、私が発車せずそのままいれば……とか、２人が真横を通るときに会釈でもすれば……と、今でも悔やまれます。

電話を切ってから10秒程で主人が戻ると、乗りやすくするため、ひとまず枝豆の袋だけを助手席に入れながら「前に出して」と主人に言われたのでドアを閉めました。後部座席には荷物がいっぱいだったので、私は座ったまま何回か体を左に捻りながら電話をおさめたハンドバッグや枝豆袋など、後部座席の足下に置いたりして主人が座れるように整理していました。

「法定禁止エリアだ」と仁王立ちの高橋眞知子巡査

ここで、いよいよ高橋巡査と接触することになる。高橋巡査の供述では、ビニール袋を下げた男性（二本松進）がやってくるなり高橋の顔に自分の顔を10センチ近くまで近づけ、突然怒鳴り始めたという。しかし、夫妻の話はまったく違う。

「前に出して」と言って助手席のドアを閉めた主人は、車の左横前に出ました。すると、運転席の前方右辺りにいた高橋巡査に気がつきました。何か言葉を交わしてすぐ助手席に戻るとばかり思っていましたが、「法定禁止エリア」とか「発車しようとしているのに……」という声が聞こえたと思ったら、主人と高橋巡査は車の後部に移動していました。しかし、しばらくしても乗ってこないので振り向いたらなぜか言い争いをしている様子でした。それでも、主人は日頃から店にくる女性の応対に長けており、争ってはいても大丈夫だろうと全く心配していなかったので、私は運転席でそのまま待っていたのです。

車内にいた妻は、夫と高橋巡査の会話をすべて聞き取れたわけではない。実際はどのようなやりとりをしていたのだろうか。夫の進が語る。

夫・進の話

「前に出して」と言って助手席ドアを閉めてやや車から離れた左前に出ると、大勢の人が行き交う中、右手前方に立っていた高橋巡査に気づいたのです。そのまま進んだらぶつかる恐れがあるので「すいません、発車しますのでそこを退いてくれませんか」と言いました。しかし、高橋巡査は無言でその場を動きませんでした。そこで私はもう一度「ちょっと急ぎますのでそこを退いてくれませんか」と言っても、まだ高橋巡査はしばらく無言でした。その後不満げに「ここは法定禁止エリアだ！」と一言発したのです。

私は、駐車違反で取り締まろうとしているのかと思い、「たしかにここはそうかもしれないけど、いつでも運転できるように運転手がいてもだめなの？」と聞き返すと、高橋巡査は「法定禁止エリアだ！」と繰り返すばかりです。私は「でも、後ろにある運転手もいないで放置してある車をそのままにして、運転手が乗って発車しようとしている車を取り締まるなんて理不尽じゃない？」「エンジンまでかけているじゃないか。発車を促すならともかく、発車を妨害するなんておかしくない？」などと抗議しました。

私たちの車の少し前方にあるガソリンスタンド前の法定駐停車禁止エリアには、数台の放置車両が見えたので、「法定禁止エリアに駐車してある運転手もいない車を取り締まらないで、発車しようとしている車を取り締まるなんて理解できないよ」「こんなので警察が恣意的に取り締まれるんだったら、交差点で客を降ろしているタクシーなんかも取り締まれることになるよね。こんなことを許したら、日本中混乱すると思うよ」などと、私は急いでいたので声を荒げて反論しました。

進はこの日、朝10時に治療院を予約してあった。1年前の眼の手術の際、4時間も右手を垂らしていたことが原因で肩が上がらなくなっていた。その治療があったのである。そのあと11時からは、ランチタイムが始まるので店に出なければならない。そのあと午後2時からは、自宅の新築のため図面を見ながら打ち合わせすることになっていた。そんな忙しいときに、突然おかしな理由で出発を阻まれたのだから、多少声が荒くなるのはやむを得ないだろう。理不尽な車の取締りに怒った経験のある人も多いと思う。

乗用車だが仕入れに使っていると証拠を示す

月恵　主人と警察官が何か争っているのを私は運転席で見守っていたのですが、警察官の「基本的に……」とか「仕入れの車なら大丈夫」等という声も耳に入ったので、私はすぐ運転席から降り、後部座席ドアとトランクを開けて仕入れた野菜や果物などが満載されている様子を示しながら「うちも仕入れに来ています」「みんないろんな車で来ているじゃないですか」と反論しました。

すると、主人が「あなたはいいから車に戻って」と言いながら丁度ガードレール側に立っていた私を軽く押したので、そのままガードレールをつたって車に乗りました。

その後も「法定禁止エリアだ」とか「この車も貨物車なら大丈夫だけど……」という警察官の声が聞こえ、「運転手がずっと座っていてもだめなの？」「いつでも運転できる状態で待機していたじゃないか」という主人の声も聞こえてきました。そればかりか、まわりに見物人が集まってきて、「こんなことやられたんじゃ、市場はつぶれちゃうよ」という声が聞こえてきて、見物人が徐々に増えてきました。外国人（西洋人）団体観光客達もカメラで警察官たちの写真を撮っていました。

その後、主人はもう1人の警察官（渡邊）に後ろのほうにある標識に案内されて行ったようで、会話は聞こえなくなりました。

進

当初高橋巡査が「仕入れなら大丈夫です」と言うので、私と妻が「うちの車も仕入れです」と後部座席ドアとトランクを開けて満載の荷物を見せると、高橋巡査は黙ってしまいました。すると、もう1人の警察官（渡邊）が間に割って入り、その場から25メートル後方にある標識のところまで私を誘導しました。それは指定駐車禁止の主標識に「5－12の貨物の集配中の貨物車を除く」という補助標識があるものです。

視力が弱い私はどんな標識かをしっかり見るため、何台もの放置車両の間を抜けて歩道に上がりました。

進によると、このときの渡邊巡査部長とのやりとりは、およそ次のようのものだった。

渡邊　この標識は、築地署と築地市場との「協定」で、指定禁止エリアではあるけれど、貨物車であるならば仕入れの車でも駐車が許されているのです。

進　買い出しや仕入れの車なら放置しても許されるなら、この車も仕入れに来ているから放置も許されるということだよね。

渡邊　いいえ、この車は乗用車だからダメです。貨物車ならこの車も違反にならないですけれどね。

進　いや、婦警さん、貨物の集配中という表示はどう読んでも仕入れ中とは読めないよ。宅配業者とか市場へ商品を集配する業者、郵便局の貨物車を指すのであって、築地市場で行われている「仕入れ」というものは、買い出しや買い物途中の食事を含むもので、かなり長時間の駐車を指してるんですよ。もし貨物の集配中という表示に仕入れ中の車も含むと拡大解釈していいという「協定」があるなら、貨物車という車種で、仕入れ車を差別するのはおかしいと思うよ。

貨物車だけでなく、市場に仕入れにきた車両すべてを仕入れ車と解釈すべきで、バイクでも、ワゴンでも、乗用車でもいいはずだよ。実際、長年そうなってるじゃないか。もし「協定」で乗用車は除くと決められているなら、その「協定」を見せてよ。

その時、説明をしている場所の前の法定禁止エリア（横断歩道なども含む）に２台の貨物車が放置されていたので、進が指摘した。どう考えても、眼の前に放置されている運転手のいない２台を優先して取り締まるべきだろう。そのことが分かっていたため、渡邊巡査部長は口を閉じざるを得なかったのではないか、と進は推測する。

後に提起された裁判で、被告となった東京都（警視庁）は、築地警察と築地市場がそのような「協定」など結んでいないと書面で答えているが、現場の交通取締りをする高橋巡査らは「協定により」とその場で主張していたと進は言う。ともあれ渡邊巡査部長は質問に答えることはなく車の方へ戻ろうとしたので、進はそれに続いた。

「謝りもしないで、今日は絶対行かせない！」と叫ぶ警察官

再び妻の月恵の話である。

2～3分後、再び車の後部に戻ってくると、渡邊巡査部長と主人は「仕入れがいいなら、バイクでも、乗用車でもいいんじゃない」とか「貨物車じゃないとだめ」とか「それはおかしいよ」とか、言い争いを続けていました。

主人と渡邊巡査部長が言い合いをしながら車の後ろに近づくころ、車右後部辺りでそれらを見聞きしていた高橋巡査は、突然ものすごい勢いで後ろから車の運転席側の中程まで来て、車にか私にか不明でしたが指差しながら（1・5メートルくらい離れた所で）、

「謝りもしないで！」

「今日は絶対行かせないッ！」

「これは乗用車ッ！」

と大声を上げました。ここではじめて高橋巡査は怒りを爆発させたのです。私は車から降りて高橋巡査の所へ行くと、今度は私に怒りをぶつけてきたと思ったら、高橋巡査はいきなり顔を近づけてきて周りの野次馬に聞かせまいと声のトーンを下げて

「逮捕するよ」

と言ったのです。私は完全に脅しだと直感し、

「逮捕？　誰を脅すのですか。謝らなかったから？」

と言い返し、思わず近くの見物人に向けて

「逮捕するんですって」「逮捕すると脅しているんですよ」

と私は訴えたのです。

「逮捕するよ」と言ったのがまずかったと思ったのか、私には何も答えず、いつの間にか高橋巡査は車の後ろへ行き、いきなり

「免許証だせッ！」「免許証だせッ！」

と、主人に向かって持っていた黒いカバンを突きつけながら攻撃しているのが見えました。それに渡邊巡査部長も同調していました。

「乗用車だからだめッ！　だめッ！」

などと喚きながら主人のお腹辺りにカバンを突きつけていくので、主人はそれ以上下がれず、歩道の縁石に足がとられ真後ろに倒れるところ、幸いガードレールが腰の支えになって真後ろに倒れずよろめいた姿は、今でも目に焼き付いています。

その時、「あなた達何しているの！」「本当に警察官!?」と主人の大声の叫びも聞こえました。こんなに怒る主人の姿を初めて見ました。

車の後ろでガードレールまで押し付けられた主人が、ガードレールを掴んで姿勢を立て直す隙に、高橋巡査がいつの間にか黒いカバンから何か分厚いものを出して、車のトランクの上にバシッ！　と音が響くほど叩きつけたのです。そして再び主人に向けてカバンを突きつけながら「免許証出せッ！」「今日は絶対行かせない」「乗用車はだめッ！」などと繰り返して叫んでいました。

このときの様子は、二本松夫妻はもちろん、4人の目撃証人も「尋常ではなかった」と異口同音に証言している。

運転席ドアをはさんで口論、そして不当逮捕

そして事件現場は、クライマックスを迎える。二本松夫妻に時系列にしたがって説明してもらう。

月恵　主人が今度は声のトーンを下げて、「あなた達と争ってる場合じゃないんだよ」「急ぐんだから、勘弁してよ」「帰らせてよ」などと高橋巡査らにお願いするように言ったら２人とも黙っていたので、許してもらえると思ったのか、私に向かって「間に合わないから帰ろう」と静かに言いました。

それを聞いた私は、運転席に歩み寄りドアを開けて入ろうとしたのです。しかし、高橋巡査がついてきて外側からドアを掴んで放さないので、「なにするんですか」「逃げはしませんよ」などと二、三言い合いながら仕方なくドアの外に出て口論を続けました。

進　「帰らせてよ」「業務妨害だよ、これは」などと言いながら妻と入れ替わりになるよ

うな感じで、外側でドアを掴んで放さない高橋巡査に詰め寄り、再び口論が続けられたのです。しかし、そのときの高橋巡査の形相から、すぐに帰れそうもないと判断し、「もう意地悪はやめて帰してよ」と言いながら、諦めて（ドアと車の間から）出てドアを閉めました。冷静に話さなければならないなと思ったからです。

月恵　こうしている中、高橋巡査が主人から離れ渡邊巡査部長と2人で寄り添って、左腕にはめている時計を見ながら何かヒソヒソ話をし始めていました。余りにも大勢が注目して見ているので、私は運転席に入って、かけたままになっていたエンジンを切り座っていました。

進　私がドアを閉めると、高橋巡査は急にその場から離れ、運転席右側の前方ボンネット横で腰を車に当てながら、左手首辺りを指し渡邊巡査部長と小声で話を始めました。高橋巡査は腰に何かをつけていてふくらんでおり、そのつけていたものをボンネットに半ば寄りかかるように接触させながらでしたので、車に傷がつくのを心配したので、この場面はよく覚えています。

その直後、高橋巡査は私たちの車の前（図１の②）で肩に掛けた無線機の端末を手慣れたしぐさで口に当て、「暴行、暴行、暴行を受けています」と小さな声で言ったではありませんか。

驚いた私は思わず詰め寄り、「なに？　暴行？　誰が？　どこを？」と聞きました。そのときの彼女の顔からは、それまでの感情的な表情が消え、「ほら、見てよ」といわんばかりの満足げな笑みさえ浮かべていたのは忘れられません。

まもなくパトカーの凄まじいサイレンが聞こえてくると、高橋巡査は市場橋門交差点の中ほどまで進み、集まっていた大勢の見物人に向かって左手を高く掲げ、右人差し指で左手首を指し、「暴行！　暴行！」と叫びました。私は再び高橋巡査に近づき、「誰が？　どこを？　なんで？」と詰め寄りました。すると高橋巡査は左手首の内側を見せたので、視力が悪いながらも見てみると、手首のシワのような薄い白い線のようなものが見えました。私はそれを見て「なにこれ？　こんなのすぐに消えてしまうよ」と呆れて言いました。

月恵　３分ぐらいかと思いますが、車の真ん前で１人で仁王立ちしていた高橋巡査が、凄まじいサイレンが響き渡ると、急に軽くなった表情で見物人に向けてなにかをアピールしている様子でしたが、私は初めて我に返り「第三者に証言してもらわないと」と思い、運転席から慌てて降りて見物人のほう（図1の⑨）へと走りました。

「最初から見ていた方いますか？」

「暴行なんて無かったですよね」

「どなたか証言して頂けますか？」

などとお願いしました。そうしているうちに6台前後のパトカー等が駆けつけ、高橋巡査の「あの男」「あの男」という叫び声が後ろから聞こえたので、「えっ、なんで？」とびっくりしたのです。まずは一通り事情を聞くと思ったのと、私に向かって「逮捕するよ」と言っていたからです。目撃者と駆けつけた警察官と話している最中に振り向いたら、主人が何人かの警察官に囲まれ無理矢理に両腕を後ろに捻られる光景を目にしてしまいました。いまでもその光景は目に焼きつき、浮かんでくる度にいろんな思いに耽って眠れません。同時にどこからともなく

「オイ、オイ、なんで逮捕かよ」

「暴行なんてしてないよ」

「ウンともスンとも無しでいきなり逮捕かよ」
「ひでぇーなぁ」「大げさだよ」
「なんで、おかしいよ」（女性）
という声が聞こえてきました。このとき見ていた人たちが声をあげてくれたからこそ、私が、事件の翌日早朝から事件現場で「目撃者を捜しています」というA３判白い紙を掲げて立つことができたのであり、今でも感謝に耐えません。

進　パトカーから数人の警察官が降りてくると、まず高橋巡査のところに駆けつけ、高橋巡査が左手首上辺りを右手でパンパンとたたいて「あの男です」と言うなり、警察官たちはいきなり私の腕を後ろ手に捻り手錠をはめてパトカーの後部座席に押し込みました。私や周囲の目撃者に何も聞かずに私を押し込んだのです。

「何をするの？　あなたたち、こんなことしていいと思ってるの？」と抗議しましたが、彼らは何も答えませんでした。

以上が、二本松夫妻の実体験である。運転手が座席に座ってエンジンまでかけて出発しようとしているのを、「法定禁止エリアだ」と難癖をつけられ、反論しただけなのに逮捕までされてしまったのだ。

この日2007年10月11日は、9年1ヵ月にわたる二本松夫妻の闘いの第一日目でもあった。

第3章　築地署の取調べに抵抗する妻

連れていかれたのは組織犯罪対策課

混乱する逮捕現場で、月恵はとっさに次の行動に出ていた。

横断歩道真ん中辺り（図1の⑩）で、国立がんセンターを前にして立っていた男性のところへ駆け寄った。その男性が「見ていたよ。暴行なんてないよ」などと男性警察官に話していたからだ。

「最初から見ていましたか？　話して下さい」

懇願するように話しかけたが、もう1人の警察官が来て彼女を制止し、

「こっちが名前とか住所とかちゃんと聞くから心配しないで車に戻って」と、車に戻るよう誘導したのである。ちょうどその時、短パンをはいた露天八百屋の男性が通りすぎて行くのが目に入ったので、月恵はガソリンスタンド前を越えた辺りまで追いかけ「最初から見ていましたよね」と声をかけると「ご免ね。忙しくて見てないんだよ」という返事だった。必死になって目撃談を取ろうとする彼女を追ってきた男性警察官も、このやり取りを見ていた。私服の女性警察官も駆けつけて来て、「すぐ車に戻って待ってなさい」と肩に手を当てて半強制的に月恵を車の中まで誘導したという。

そのとき夫の姿はもう見えなくなっており、彼女は助手席にしばらく座って待っていた。朝の出勤ラッシュで車の往来が多かったが、警察官たちは一車線を通行止めにして計測したり写真を撮って現場検証を始めた。彼女は車の中で30分ぐらいその様子を見ていた。

多数の目撃者たちに直接話を聞こうとした月恵の行動を制し、自分たちが聞くと言った警察官たち。だが、見ていた人が「全部見てましたよ、暴行なんかないよ」と言うと「いいから」と無視していた。目撃者によると、そのとき群衆からは警察に対し「ふざけんなよ」という声もあがったという。

しばらくして月恵を誘導した私服の女性警察官が車の後部座席のダンボールの前に腰を

かけ、背の高い男性警察官は運転席の椅子を後ろにずらして座った。築地署に向かう車内で、月恵はこの２人の警察官に事件のあらましをざっと話し、警察官からの質問にも答えていた。その中で、いちばん強く印象に残っている言葉がある。

男性警官　なーんだ、婦人警官が暴行を受けていると通報してきたから、暴力団かヤクザにやられているとみんな大騒ぎになって駆けつけたんだけど……。

「暴力団かヤクザかと大騒ぎになった」という言葉が焼きつくように月恵の耳に残った。夫妻にとっては、駐停車禁止をめぐって口論したら、理由が分らぬままに逮捕されてしまったのである。しかも、夫が連れていかれた先は築地警察署の組織犯罪対策課だった。

市場で仕入れ後に帰ろうとした寿司店経営者が駐停車の問題で警察官と口論になっただけで、主に暴力団員などを取り締まる部署で取調べを受けたのである。これ自体が、この事件の異様さを示している。

月恵　朝、車の中は寒かったのですが、築地署玄関前に着いて車を降りたら日射しがポカポカと暖かく感じてホッと一息したのを覚えています。いくらかでも車中で事実を警察官に話せ、少し気が楽になったのかもしれません。同時に、車には仕入れた新鮮な甘エビ・野菜・果物などがあるので心配だと話しましたら、築地署前に路上駐車していた車を日の当たらない地下に入れてくれるとの話でした。

築地署の1階でエレベーターを待っている時、寝坊してあわてて出たので私はやはり自分の顔が気になり「こんな汚い顔で恥ずかしいですけど」と言ったら、車に同乗していた私服の女性警察官が「大丈夫だよ。十分きれいだから。あなたのためだから入ったら落ち着いて話して」と親切に言ってくれたことを今でも忘れられません。彼女は、車の中で私の話を聞いていたので、私を2階の交通課に連れていきました。主人も当然交通課にいると思ったらしく、上司に「4階だって」（後に組織対策課と知る）と言われ、「あっ、そうですか」と逆に驚いた様子でした。

夫・進に対する取調べ

進を取り調べたのは、組織犯罪対策課盗犯捜査第二係長の中島有侍警部補、同課暴力犯捜査係主任の前橋淳一巡査部長である。初日の様子を進本人に振り返ってもらった。

進　中島警部補らは、「運転席ドアに婦警の手を挟んだだろう」などと私を尋問してきました。私は外側でドアを掴んで放さない高橋巡査に詰め寄って口論していた場面を思い浮かべ、当然のことながら「婦警の手を挟んだこともないし、挟めるわけもない」と答えていました。

しかし、私が否認を続けると、前橋淳一巡査部長はこんなことを言ったのです。

「正直に自白しないならしないでいいよ。ずっとここにいてもらうからな！　店が潰れたって知らないよ。俺たちはどっちでもいいんだよ」

また、前橋巡査部長は「明日の新聞は、寿司の名店の主人が婦人警官に暴行を働き傷害を与えたと話題になるんじゃないの。お店大変なことになると思うよ」などと言いました。

もっとも、取調べの合間に私の監視をしていた180センチ前後の背の高い背広を着た刑事は、「何で奥さんは一旦停止したんだろう。移動するとき何の注意も受けず移動できたのだから、そのまま行っていれば何の問題もなかっただろうに。停車した理由が分からない」「婦警もそのときは全く取り締まっていなかったということだよね」と言うではありませんか。裁判の過程で現場の警官が移動命令を出したと言っていることを知ったのですが、移動警告など出さなかったということが、この会話からも今となっては分かります。一旦停止したというのは、家内が私に携帯で電話するためです。

「その後、何で取り締まるということになったのかね？」などと、自分でもこの事件が不思議だというような感想をもらしていました。この刑事は、私が築地署で会った唯一正常な感覚をもった刑事だったと思います。

取調べを中断し、私は他の刑事2人と近くの病院に行き、持病の薬を処方してもらいました。その車中で「何もしていない私を逮捕して警察は許されると思っているの？」と質問しましたが、何も答えることなく、下を向いて「はい」などと応えるのみでした。彼らは実際には何も起きていなかったことをこの時点で知っていたのではないでしょうか。

病院から再び取調べ室に戻されると、前橋巡査部長が入って来ました。

「お前、肘でこうやって（肘を横に張り出すような動作）打っただろう、奥さんがそう証言してたぞ」と言うではありませんか。

「えッ、家内がそんな証言をした？　そんな嘘をなんで家内が言わなければならないの？　言うはずないじゃないか」「警察って、そんな見え見えの嘘で警察に都合のいい自白を取ろうとするのか？」などと、反論したのです。

さらに私が「あなた達、こんなレベルの取調べをしていて、恥ずかしくないの？」と問うと、前橋巡査部長は「恥ずかしくないよ」「いいよ。そんな抵抗するなら、いつまでも入ってたら」「俺たちは別にどっちだっていいんだよ」と悪態をつくばかりでした。

妻は見たことを正確に話した

30分以上遅れて、妻への聴取が始まった。築地署に着くと女性警察官に2階から4階に連れていかれ、午前9時ごろから夕方の4時40分ごろまで聴取を受けた。ずいぶん長い時間だが、どのような調べがあったのか覚えている範囲で本人に語ってもらう。このときの供述調書があれば引用したいところだが、のちに裁判になっても、警察はこの調書などの基本的な証拠の提出を拒絶し続けたため、前章から含め、月恵の一連の発言は、彼女が裁判所に提出した膨大な量の陳述書（２０１３年1月13日付）にもとづいている。この陳述書を確認するかたちで本人から直接話も聞いている。

月恵　9時ごろ、4階の広い部屋（刑事課）に入ると、机がたくさん並び何人かの刑事らしき人がいました。その広い部屋にくっついて、小さい部屋がいくつも並んでいました（夫の進は、広い刑事部屋をはさんで反対側の取調室で調べを受けていた）。

その小さな部屋に入って待つように言われました。小部屋のドアは常に開いている状態でした。仕入れた生鮮食料のこともあるから、当然事情を話したらすぐ帰れるとばかり思っていたのです。

しばらくしたら、私服で30代くらいの女性警察官がノートパソコンを持って入って来て「これから調書を取るから、質問に正直に答えて……」と切り出し、私の生い立ちなどの個人情報や店のことなど、いろいろと聞かれては答えました。初めて「免許証を見せて」と言われて出すと、彼女は免許証を持って小部屋を出ていき、しばらく経ってからまた入ってきて調べを続けました。説明も一切ないばかりか、「取調べ」とも分からず、ただ「口論」の経緯を話せば帰れると思っていました。

「今朝、誰が運転してきたの?」と聞かれ、私はすぐ答えずしばらく黙っていたら、

「ご主人が運転して来たの？」と再度聞かれ、「はい」と答えてしまったのです。私はゴールド免許取得まであともう少しだったので、最悪の場合駐車違反で点数を取られるなら、築地まで主人が運転したことにしていいのではと思ってしまったのです。主人は眼が悪いため次は免許を更新しないと言っていたので、点数を取られても関係ないと思ってしまったのです。この時は「公務執行妨害」や「暴行（傷害）」などの罪名が主人にきせられるなどとは全く思っていませんでしたから。しかし、それが警察に悪用されるとは予想だにせず軽卒だったと反省しています。逆に本当に暴行沙汰で逮捕されたら「はい」と答えるはずもありません。

私は、「２人の婦警が車に向かってきた時、運転席でラジオを聴きながら待っていた」などと、具体的に逐一答えましたら、とても意外そうな顔（高橋らが「女性は車外にいた」と証言していたからだろう）をして彼女はメモを持って再び出て行きました。

10時過ぎごろかと思いますが、別の警察官が入って来て、車検証のことなどについて聞かれ、車の中にあると答えました。その後同じ人がまた入って来て再び車の鍵を貸してと言われ、何かを調べるためなのかなあ？　と思いながらそのまま渡しました。

彼女（高橋巡査）は、ただ自分らが真横を通りかかっているのに無視された上に謝らなかったと怒って、「今日は絶対行かせないぞ」という態度でした、などとありのままに私は説明しました。

「暴行なんてあり得ません。主人は手もあげていませんし、まずそういう暴行する雰囲気でもなかったし、そういう時間もありません。言い争いはしていましたけど、彼女は、私が会釈もせず声もかけなかったから、気に食わなかっただけでしょう。なんでいきなり通報するのですか？」

「彼女（高橋巡査）は口論になって、はじめて『逮捕するよ』と（低いトーンで）私を脅して謝らせて収拾したかったようでしたが、みんなのヤジが飛び交う中、しかも外国人団体観光客達にカメラを向けられ写真を撮られる中、自分が恥をかいてしまったからそのプライドが許せなかったのか、興奮した状態で最後はいつの間にか通報してしまったようです」

このように、今しがた起きた事件の経緯を自分なりに一生懸命訴えました。しかし、調書作成担当の彼女は調書にはそれらを全く記載せず、時間をかけて警察に都合のいいように想像しながら「書いては直す」を繰り返し、神経をつかって作文を練っていました。

「水だの何だのってうるさいよ」と取調官

昼の12時を過ぎても私への取調べと作文は続きました。その間に、男性の警察官（後に前橋淳一巡査部長と知る）が何回か入って来ました（以下の時刻は、およその感覚であり、正確に確認したわけではないというが、出来事の流れを本人に語ってもらった）。

昼1時か1時30分ごろ、第1回目の「調書」ができあがり読まされましたが、事実と違う箇所がいくつもあったので、違うと指摘しました。調書を作成した女性警察官は、昼食の時間を気にしながら、ムッとした顔で、私に対して「早く読んで！」「なにぶつぶつ言っているの」と、言葉づかいがますます荒くなってきたのです。私は、我慢できず「あなたは普段もそういう言葉づかいをしているのですか？」と初めて彼女に注意をしました。それからの彼女は私に対し、ずっと厳しい表情で、打つキーの音も荒くなりました。

朝起きてから水一滴も口に出来なかったので、午後2時過ぎごろ、脱水症状と空腹のゆえか身体の震えを感じ目眩がしてきたので、「ここには自動販売機がありますか？」

と聞いたら「何で？」と聞かれました。

事情を話したら「こっちだって食事してないんだからね、さっきから水だの何だのってうるさいよ……」と独り言を言う始末でした。これにも私は「私が何か犯罪を犯しました？　犯人ですか？　何でこんな扱いされなければならないのですか？　一歩外に出れば同じ人間でしょ」と抗議したら、ぶっきらぼうに「調書」を持ってまた出て、しばらくは入って来ませんでした。

2時40分ごろでしたか、主人が予定していた2時の約束の方（建築業者）から、私の携帯に「30分ぐらい待ちましたが、お見えにならないので、ご主人に何度も掛けましたが通じないので、奥さんに……」と連絡が入りました。私も心配はしていましたが、つい時間を忘れていました。謝って打合わせをキャンセルせざるを得なかったのです。また、主人の携帯にはこの業者の方だけでなく、10時に予約していた指圧治療院の先生からも問い合わせがあったようです。

それから、おそらく3時過ぎごろだと思いますが、ようやく2回目の「調書」ができあがり「サインして」と言われましたが、読んでみると相変わらず3箇所事実に反する内容があったので、「これは違います」「そういう会話はありません」と答えました。その内容は、「私が運転席に座っていれば大丈夫だからと主人に言われた」「今朝、主人が運転してきた」「(主人が) 駐車違反を取り締まる婦人警察官の公務執行を妨害した」など、警察に都合のよい、事実に反するストーリーであったので、納得できませんでした。「主人が運転してきた」というのは、ゴールド免許ほしさに私が口走ってしまったもので事実ではありません。それから「運転席にいれば大丈夫だから」と主人が私に言ったというのは、運転してきたのは主人であり、その事実を隠すための工作だったことにするためです。それは、今振り返って分かります。夫を駐車違反の当事者に仕立て上げようとしたのは明らかです。

刑事が謎の電話?

午後3時20分ごろだと思いますが、私が調べを受けていた小部屋に隣接する広い部屋から、男性警察官の澄んだ電話の声が聞こえてきました。最初はあまり気にも留めずよく聞いていなかったのですが、今回の事件のことを話しているようだったので、耳を傾けました。すると、「……何も無かったみたいです」「はい、はい」「なんか以前からのアザかシミらしいです」と話しているのが聞こえました。

この時、私は「アザ」と聞いた瞬間、内心では「アザ？　怪我したのかな？」と驚きましたが、その次の「シミ」と聞いた瞬間「ホッとした気持ち」になったことは、はっきり記憶しております。

そのときは安心しましたが、今思えば警察作成調書にサインさせるためだったのかも知れません。広い刑事部屋に人がいるのに静かだった。それなのに、電話の人だけがはっきりと私に事件のことだと分かるように話していたからです。暴行もなく怪我もしていないのだから大事には至らず、調書に少しぐらい間違いがあっても「あとで訂正できるから」と安心させてサインしやすくしたのではないか、と。

電話の声を聴いて5分ぐらい経ってから、前橋巡査部長が満面笑顔で入ってきて「実は何も無かったよね。ただドアを閉めるとき、こうドアにちょっと当たったか触れたかくらいだよね」と言うではありませんか。

すぐ「そうです。（「私が」とは言わず）ただ運転席に入ろうとしたら、彼女がついてきてドアを掴んでフラフラするドア越しに口論していたら」と説明しようとしたのです。このフラフラする様をジェスチャーをつけて話したところ、「調書」作成担当の彼女がいきなり「警察のカバンに触れただけでも公務執行妨害になるんだからね」と言ったのです。その途端、ジェスチャーを「私がした」と最後まで説明できなくなってしまいました。私まで「公務執行を妨害した」との罪名で逮捕されてしまうかも知れないと思ったからです。この時、「公務執行妨害」という言葉を初めて聞き、身をもってその恐ろしさを実感できました。

私のジェスチャーが契機となって、午後４時前ごろ入ってきた前橋巡査部長らに「あなたが、さっき亭主がこう（右腕を曲げなら横に振るしぐさをしながら）手でやったと言ったじゃないか」と言われてしまいました。

月恵　私が言おうとした「私と、高橋巡査が、ドアを間にしてこう（ジェスチャーしながら）口論していたら……」の心算が、いつの間にか「主人がやった」と私が言ったことにされてしまったのです。「私が、主人がやったと言うはずがないでしょう」とだけは必死に反論しました。でも、その後、「奥さんが、あなたがやったと言ってたぞ」と刑事が主人にも話したそうです。後に調べられた五島真希検事からも「あなたが言ったそうよ」と言われました。

このような経過を踏まえると、高橋、渡邊の供述時の「両肘で交互に7～8回直接強く胸突く」暴行態様の発生源は、この〝ジェスチャー〟を捻じ曲げられたことではないか、と夫婦は口を揃えて言う。

馬鹿野郎！　お前の旦那が暴行しただろう

月恵　私は、現場で「暴行」の動作も目にしなかったので、主人が「公務執行を妨害した」と記載した作文「調書」へのサインを拒絶しました。

調書作成の女性警察官の報告を受けた前橋巡査部長が、ものすごい勢いで小部屋に入って来るなり、

「馬鹿野郎！　お前の旦那が、なんで他の車は取り締まらないで俺のだけ取り締まるんだ！と、こう（両肘を横に曲げて交互に振る動作を）しながら暴行しただろう」「婦人警官は、病院にも行ってるんだぞ！」

と怒鳴られると、浮かぶ涙を堪えて私ははっきり言いました。

「あなたは警察官でしょ。今の言葉はなんですか？　馬鹿野郎とは。今まで言われたことありません。あなたは、警察官としてそんな言葉づかいをして恥ずかしくないですか？　私は犯人ですか？」

　何秒間か黙っていましたが、出ようとした小部屋の入口辺りで

「ご免、俺が謝る」

とのみ言って出てしまいました。小部屋の外の広い部屋は、一瞬シーンとなりました。

　今度は、青っぽい制服を着た警察官（中島有侍警部補）が入って来て、普通の口調で

「ほら、みんなよくやるじゃない。なんで他は取り締まらないのに、とか、ご主人もなんで俺の車だけ取り締まるのかと暴行したんだろう」

と同じことを言われたので、

「うちの主人はまず『俺』とか『お前』とかの言葉づかいはしません」

と反論したら、何も言わず、すぐ出て行ってしまいました。

　女性警察官は何時間もかけて作文し、ようやく3回目の「調書」ができあがりましたが、何か焦っているように催促しました。

「早く目を通して！　直すところがあったら、サインしてからでもできるから」

「やはりこれでは事実と違います」と私はしばらく黙り込んでいましたら、彼女が怒りながら「とりあえずサインして！　最後のページの下の空白（指差しながら）のところにいくらでも後から付け加えられるから」

と執拗に要求されたので、「本当ですか？」「それでいいんですか？」と聞きました。彼女は、「信じて、必ず直すから」と言ってくれたので、「二本松……」と書き、名前の1画目まで書いたところでペンが止まってしまいました。「やはり後から直すのではなく、全部直してからサインします」と告げましたら、今度は怒った顔で机の上にあった作文「調書」とその他パソコンで打ち直した何枚もの紙も一緒に勢いよく鷲づかみにして出て行ってしまいました。

少し経ち、多分4時20分ごろ、また彼女は前橋巡査部長の後ろについて入ってきました。前橋巡査部長はものすごい勢いで入りながら、私を指差して怒鳴りました。

「何でサインできないの？　理由は？　後から直すと言っているだろう！　さっきお前が、主人がやったと言ったじゃないか」

私は「内容を直さないとサインできません」と答えました。

すると、前橋巡査部長はいかにも「やってやるぞ」と引きつった顔で、私に指差しながら「サインしないなら、しないでいいよ」と怒号し、身体をドア方向に向きながら顔は私に向けて、「それでいいならいいよ。じゃ、どうなってもいいんだね」と捨て台詞を吐いて、部屋を出てしまったのです。

その瞬間、私は「絶対主人に何かしらの悪影響をもたらす」と直感し、恐怖を覚えて今にも泣きそうな顔で「ちょっと待って下さい」とお願いしても、彼女にも「どうしてこうなんですか？　あの方を呼んで下さい」と涙ながらにお願いしても全く聞いてくれず、彼女は出ていってしまいました。

しばらく経ってから入って来て、「下に会社の人が来ているらしいから、もう降りていいよ」と言われ、午後４時40分ごろロビーに降りたのです。

「今回、警察は取締りを行う意思は無かった」

１階に降りてまず私は、受付の方にコンビニの場所を教えてもらい、お握りとお茶を買ってきました。主人が糖尿病で何も食事を摂らないと余計に良くないと普段から分かっていましたし、私自身も空腹と恐怖でフラフラしていたので、受付に「２人とも朝起きてから何も食べていないので、これを主人に渡して欲しい」とお願いし、1階で待ちながらお腹が空いていたので、恥ずかしかったのですが、大勢いるロビーで早々と口にお握りを運んだのです。

しばらく経ってから前橋巡査部長が降りてきて、「あなたにはないけど、こっちの方には（夫には）弁当が出たから」とお握りとお茶の入った袋を返されました。この時、私は「先程は失礼しました」と切り出し、なんとか前橋巡査部長に「事実は、前橋巡査部長が思っているのと本当に違っている」と説明しようとしたが、「もう時は遅し」という感じでした。

5時10分ごろに専務の甲斐日出男が4階から降りてきました。甲斐専務は4階で前橋巡査部長から一応話は聞いたと言います。それによると、午後4時20分過ぎに前橋巡査部長と言葉を交わし、

「実は、今回警察は取締りを行う意思は無かった」
「婦警が注意を促そうとしたところ、感情的にもつれ、ドアに手を挟んだ挟まないという暴行に至った」
「社長が否認しているので取り調べている」

などと、前橋巡査部長に言われた時間や内容をメモした紙を私に見せながら、社長と面会させる意思が全く無いにもかかわらず「待つように言われた」ので、3時30分からずっと待っていたと不満気でした。

すぐに帰れると思っていたが、この時点でただごとではないと月恵は思い、甲斐専務とともに知人の弁護士に連絡し、甲斐専務は店の開店時間にもう間に合わないと焦って帰り、月恵1人が築地警察署外の玄関脇で立ったまま7時40分まで弁護士を待っていた。弁護士が到着すると簡単に事情を話し、進の面会へと向かったので、彼女は弁護士が戻るまでロビーでずっと待っていた。

面会を終えて1階に降りて来た弁護士は、「ご主人から、今朝築地市場用の服のままなので、明日送検されるから下着を用意できないかと頼まれましたけど」と伝えられ、月恵は慌ててコンビニに走り、シャツなど身の回りのものを購入して署に戻った。3階まで持って行くようにと受付担当者に言われ、届けて再び1階に降りるエレベーターに乗ると、前橋巡査部長と「調書」作成の女性警察官と出くわした。そのとき、女性警察官は調書作成時に使用していたＰＣを手に持っていた。月恵のおよその記憶では夜8時30分ごろだったという。

夜9時ごろ、かなり深くにある地下駐車場から何台もの警察車両を移動してもらい、一番奥にあった車を月恵は自ら運転して、玄関先で弁護士を乗せ、事件現場へと向かった。現場で事件前後の状況を一通り説明してから東京駅まで送った。

月恵　夜10時半ごろ、まずお店に行き朝仕入れた荷物を降ろして近くの借家に帰りましたが、倒れてはならぬと思い、涙ながら何か口に運んだと記憶しています。そして夜11時ごろに甲斐専務に電話して、お店が終わってから会って話しました。現場で「暴行なんてないよ」と声をあげてくれた人のことがずっと目に浮かんできて、その人としっかり話ができなかったことを後悔していました。なんとかその人を探し出すために、「目撃者捜し」というA3の貼り紙を専務に書いてもらったのです。「現場で見ていたが暴行なんてないよ」と言ってくれた光景が頭から一晩中離れず、今からでも現場に行って目撃者を捜したい思いにかられていました。

月恵が築地署を出てからまもなく、留置場は消灯時刻になった。留置場の消灯というのは、蛍光灯の照度を落とすだけで点きっぱなしである。横になると真上にある蛍光灯の灯りが視界に入って眩しく、進は寝ようにも寝られずハンカチで目を塞ごうとしたところ、担当警察官に布一枚でも顔を塞ぐことはダメととがめられ、それにクレームをつけても許されなかった。結局、灯りが点きっぱなしの眩しい４人部屋で、進は眠れない最初の夜を過ごしたのである。逮捕された理由も全く分からず「いったいこの国の警察はどうなっているのか？」と幾度嘆息したことであろう。

一方の月恵も、店近くの借家で眠れない夜を過ごしていた。翌日早朝から目撃者捜しを決意し、夫への差し入れを風呂敷に包んで用意した。ずっと畳に座ったまま、事件の一幕一幕が目の前に浮んでは納得がいかず、ああすればこうすれば良かったと一晩中繰り返していた。あまりにも理不尽な仕打ちにショックのあまり、なぜか宇宙の大きな暗闇に独り取り残されたような異様な感覚に襲われていたという。背中を丸めて両こぶしを床につけ、なんでー、なんでー、なんでー、と声を押し殺すように何度も何度も、何者かに向かい心で叫んだ。その夜は一睡もせず、ほとんど座ったまま泣きながら夜明けを待っていた。

初日に3人の目撃者が現れる

始発電車の時刻を待ち、夜明け前に新宿区の借家を出て5時30分過ぎに築地署に着いた。しかし、早すぎて門さえ開いていなかった。

外でしばらく待ってからようやく署内に入り、警察官に事情を話し「バスで早く出ると聞いたので間に合うように早く来ました……」と差し入れの荷物を頼んだ。受付の警察官が4階に電話したが、「出発の準備でバタバタしているから受けつけられない」とのことで、会うどころか差し入れのために持ってきた重い荷物さえ渡すこともできなかった。

「いったい主人が、どんな悪いことをしてこんな目に遭っているのか」と、悔しい気持ちをどこにぶつければいいのか分からず、憤り、悔しさ、つらさ、不安で身体の苦しさを覚えながらも、大きな荷物を持って築地市場の現場へと急いだ。夜通し、「俺、見てたよ」「暴行なんてないよ」などと何人もの人が声をあげていた場面が脳裏から離れず、一刻も早く目撃者を捜し出したかったからである。

6時30分ごろには事件現場に到着した。とりあえず、夫に差し入れるための荷物が入った風呂敷包みを路上に降ろした。なぜバックや袋でなくて風呂敷だったのか、と振り返って月恵は笑う。面会も差し入れも何もかも初体験で、ひも付きや長いタオルのようなものは禁止されていることなど知る由もなく、不便のないようになんでもかんでも風呂敷に詰め込んだのだという。

用意してあった「目撃者捜し」の貼り紙を掲げて、月恵は9時20分ごろまで立っていた。目撃者捜しを始めて1時間近く経ったころだろうか。ある人物が、貼り紙を見て近づき、「僕は昨日見ていたよ」と切り出したのである。

「警察にも話したよ。隣の人も警察に話しているのを見たしね、暴力はなかったと」

一瞬、厚い雲から日の光が差し始めたかと思うくらいだった。

「いま仕事中で忙しいから、何かあったら電話してくれてもいい」とまでその男性は言ってくれた。月恵は思わず「できればここに電話番号とお名前を書いて頂けますか」と、貼り紙に氏名と電話番号を書いてもらった。この人物こそ、第一章で目撃の詳細を話した小川誠一である。

幸運なことに、現れた目撃者は小川だけではなかった。２番目に見つかったのは、須永治男だ。

「なんで？　まだ出て来れないの？」

「えぇ。主人が手を上げて婦人警官に暴行したと言われているので。しばらくは分かりません。あのー、昨日は見ていましたか？」

不安ながら聞いてみた。

「俺、見たけど、あれはひどいね。いくら何でも逮捕はないだろう。横にいた人も警察官にちゃんと話していたよ。暴行してないって」

ちょうどそのとき、女性警察官２人が巡回してきた。前日の高橋・渡邊の２名がペアで巡回していたのとまったく同じだ。昨日の停車した場所には立派なバイクが駐車してあり、運転手はいなかった。その後ろにはタクシーが止まっていて、運転手は離れたところでタバコを吸っていた。月恵はすかさず見回りの女性警察官に詰めよった。

「昨日と同じところに駐車しているのに、なんでこれらは大丈夫なんですか？　昨日、私は運転席に座っていたのに」と続けて不満と疑問をぶつけようとしたら、いきなり年上の警察官が「そんなの知りませんよ。署に言って」とぶっきらぼうに返してきたという。

目撃者の須永がそのまま去って行こうとしたのを月恵は３〜４メートル追いかけて「何とか直筆で……ここに連絡先を書いてもらえませんか」と２回ほど頼んだ。

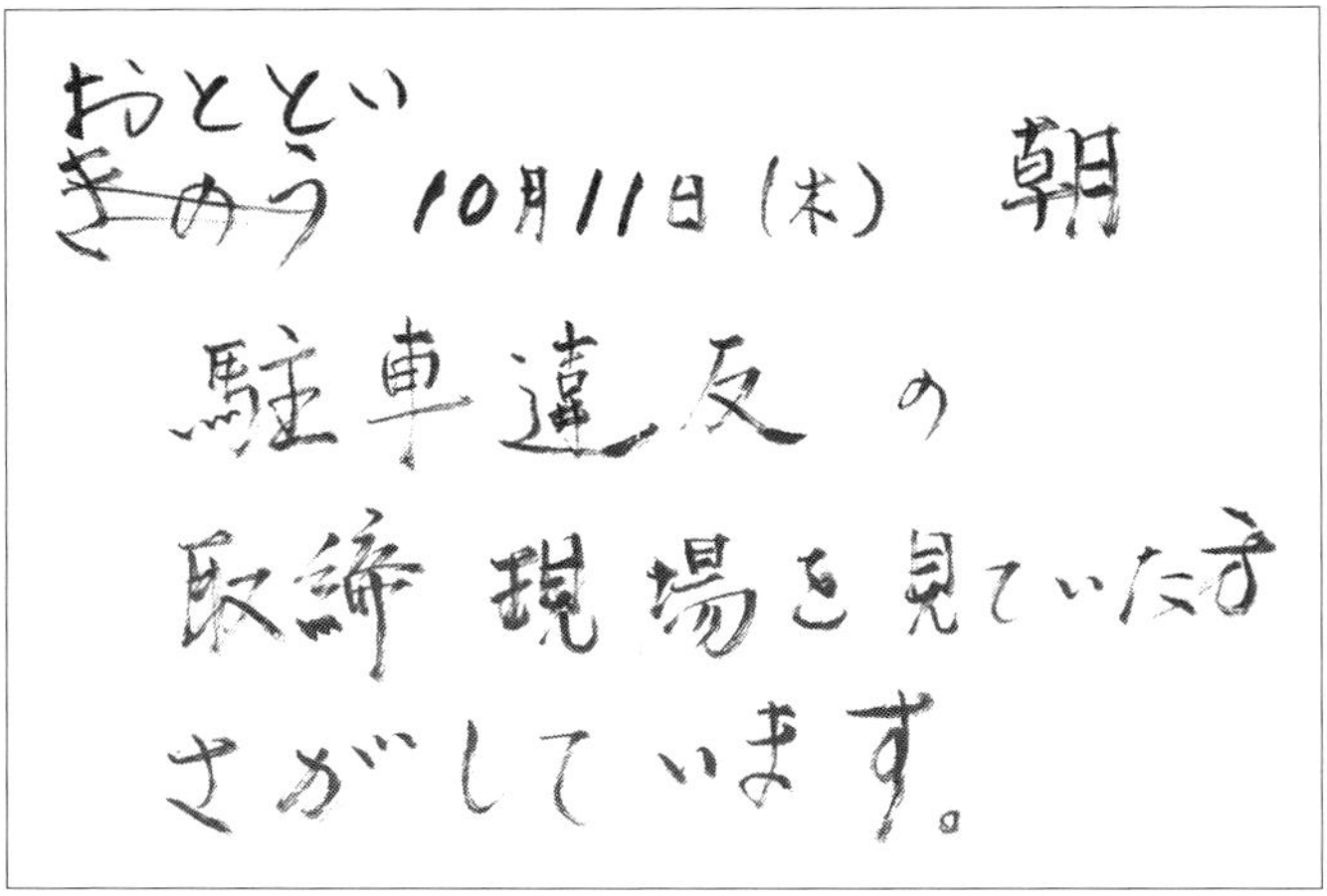
おととい
~~きのう~~ 10月11日（木） 朝
駐車違反の
取締現場を見ていた方
さがしています。

図２　月恵に依頼され、甲斐専務が作成した「目撃者捜し」の貼り紙

３人目の目撃者は坂本政幸だ。坂本は「……ガソリン入れに来て、そのときから見ていました」「最初見たときは、車上荒らしかと思ったんですけど……」と自ら声をかけてきた。「手を上げる場面も見てないし、何で逮捕なのかも分からなかったですよ」と語り、前の２人と同じように、目撃者捜し用の紙に名前と電話番号を書いていった。

この３人は、実は事件当日に彼女の前で「暴行なんてないよ」と話した人物とは別人である。前日に話してくれた人の姿が一晩中頭から離れなかったので捜したかったが、意外にも別の３人の目撃者が現れてくれたのである。さらに、氏名と連絡先を書いた人以外にも多くの人が声をかけてきた。

「駐禁を取り締まると思ったら、いきなり逮捕だもん」
「築地署がだめなら住んでいる地域の警察署に行って相談してみたら。正しいのははっきり主張すべきだよ。負けちゃだめよ。手を上げてないもん」と60歳過ぎくらいの男性も声をかけてきた。「署名をお願いします」と月恵がお願いすると、「ちょっと見ただけだから。頑張ってね」と去っていった。

目撃者捜しの第一日目は、立ち止まって「駐車違反の取締現場を見ていた方さがしています」の紙を読んでくれたり声を掛けてくれるだけでも、月恵にとっては本当に有り難かった。約3時間も両手でチラシを掲げて立っていたせいか月恵は肩も腕も足も痛かったが、来てよかったと思い、明日もまた来ると決意し、夫への差し入れのため、9時20分ごろ、再び築地署に向かった。

来る時より足取りは軽くなっていた。

19日間も留置場に拘束

一睡もせずに一夜明けて目撃者捜しや差し入れに奔走する妻だったが、一方、築地署に

〝監禁〟された夫はどう過ごしていたのだろうか。

事件当日の夕方には取調べが一応終了し、留置場へ移された。二本松の記憶によると、築地署の留置場のある階は、建物の北側の公園に面して廊下がある。ここに留置されている人たちの私物を置くロッカーがいくつかある。その廊下の南に留置場がいくつか並び、さらにその南に廊下がある。つまり、留置場をはさんで南北の両方に廊下がある。ロッカーが置かれた側の廊下に窓が付いている。南廊下から出入りするようになっており、こちらの側に洗面所、すこし先の角をまがったところに風呂があった。

留置場内は４人、入口近くが進で、その奥に３人が並んで寝ていた。一番奥にトイレがあり、腰の位置までは衝立があるが、使用中も同房者に腹から上は見られる。

同房者は、主のような年配の男、32～33歳くらいの男と27～28歳くらいの若者だった。若い２人は薬物関係で捕まっていたという。

進は、「２人には、捕まった理由を聞かれたが、初日は『なんで捕まったのか本当に分からないんだよ』『癇癪を起こした婦警は、左手に暴行を受けたと野次馬にも駆けつけた刑事らにもアピールしていたけど、私は全く身に覚えがないし……』と答えるぐらいしかできなかった。

留置場（代理監獄）の中は、人権への配慮が一切なかった。風呂は5日に一度それも15分程度。運動という時間はあるがその場は喫煙室でしかなく、年配の男と若者は歩く音が「うるさい」と、よくボクシングスタイルの喧嘩になっていたという。進にすれば、いったいなぜ逮捕されたかもよく分からない。そこで、「具体的にどのような被疑事実で逮捕されているのか」と進は聞いてみたのだが、留置担当の警察官は全くとりあわなかった。

翌日、東京地方検察庁の五島真希検察官による勾留請求の判断をするための取調べで、捕まった理由がおぼろげながら分かるようになった。高橋巡査は現場で左手を掲げて暴行されたとアピールしていたのに、なんと右手に変わっていた。さらに進がL字型にした両肘で7～8回も連続して高橋巡査の胸を強く突いたり、運転席に乗り込んで逃走を図ったところで阻止され逮捕した、などという全く架空の話になっていたことを同房者の若い2人に話すと、「それは酷過ぎる」「警察は一度逮捕したら都合よくストーリーを作りますからね」と解説をまじえ、至極同情してくれたという。

「何日目かからメモ用紙をもらい、事件とか警察、検察の取調べについて記録したりしました。しかし、4人部屋で鉛筆一本しか支給されないので困りました。警察はなるべく記録を取らせないようにしていたとしか思えません」と進は振り返る。

寿司店を営む普通の人が、突然逮捕され囚われの身となってしまったのだ。さぞかし精神的打撃は大きかったに違いない、と彼にそのときの心境を聞いてみた。

「長い人生の中でも、めったに経験できることではないので、しっかりと見てやろうと思いました。あと、印象に残ったことがひとつあります。警察の人の話だと、留置場内の水は東京都水道局のものではなく特別仕様のものだと言うんですね。たしかに洗面所から出る水は、美味しかったことが強く印象に残っています」

と意外な感想を漏らす。ところで、その後の取調べはどうだったのか。

「夕方までびっしり取調べがあったのは、逮捕された初日だけ。その後は、1時間くらいの取調べが2～3回ありましたが、その後殆ど取調べがなくなり、ただ留置場に監禁されていただけです。仕事があるんだから帰してよ、私が決済しないと仕事が進まないんだと か、何度も釈放するように言ったのですが、警察は一度逮捕したからには嘘でもいいから、警察の逮捕を正当化するような自白調書を書かない限り釈放はできない、というスタンスでした。3日目後ぐらいか、酒に酔った挙げ句警察官を殴った男が「ごめんなさい」と殴ったことを認め一泊で帰ったというような話をするだけで、取調べと呼べるような状態ではなかったです」

ともかく、停車位置を「法定禁止エリアだ!」と交通警官に言われ、反論しただけで、19日間も〝監禁〟されていたのだ。

第4章

塀の内側と外側
――釈放までの19日間

警察官に顔を近づけ「後ろの車をやれ」と怒鳴った?!

事件翌日10月12日の早朝から月恵が必死に目撃者捜しをしていたころ、夫の進は検察庁へ送られていった。警察に現行犯逮捕された被疑者は、48時間以内に検察庁に身柄送致される。検察官は送致事実の有無や勾留の必要性などを検討。勾留の必要性ありと判断すれば、裁判所に10日間の勾留請求をすることになる。10日経って、さらに10日間の勾留延長も可能だ。

朝7時ごろに検察庁へ着くと進は待合室に入れられた。コンクリートに囲まれた冷たい大部屋の中に被疑者が大勢押し込められていたという。

この場で実に6時間45分も待たされ、「勾留請求」の要否を判断するための五島真希検事による取調べは、昼の1時45分ごろから2時20分ごろまでだった。

実は、月恵に対する取調べと同様に、進の築地警察署での供述調書、そして検察庁に送致されてからの検事による取調べを記録した検面調書は、後に提起された国賠訴訟でも隠されたまま行われた。

したがって、詳しい内容を伝えることはできない（調書が正確に記述されているという保証もないが）が、進の記憶と裁判所に提出した陳述書、進による当時のメモ、幾度にもわたるインタビューなど複数の材料から再現してみる。もっとも、前日に異様な体験をしたばかりだから、記憶は鮮明だったと考えられる。

以下は、２０１２年12月27日付、二本松進による陳述書だ。読みやすさを考慮して「私」と記述されているところを「進」に変更し、必要箇所を抽出してみる。まず、巡回していた高橋眞知子巡査と進が遭遇した場面だ。

五島検事　あなたは、巡査に会った時、巡査の顔に触れそうなくらいに、10センチぐらいかしら、自分の顔を近づけながら、「なんでだめなんだ、後ろの車をやれ、貨物車と乗用車の差別をするな。俺だって貨物だ」等と怒鳴ったでしょう。巡査は非常にびっくりして、何なの？　と思ったそうよ。

進　えっ？　何ですって？　私が最初に婦警を見た時、自分の顔を婦警に10センチにも近づけ、そのように怒鳴ったと言っているんですか？　第一、私は自分を「私」としか呼ばないし、取締りをしているかどうかも全く分からない段階で、そんな言動できる訳ないじゃないですか。

（忘れた食材を購入したあと）私は車に急ぐなか、家内から携帯で「何してるの？　早くして」との連絡を受け、「近くまで来ているよ」と答えて10秒ほどで車に戻ったのです。なんでその状態の私が、よりにもよって初対面の婦警に顔を近づけ、怒鳴らなければならないんですか？

私は、近くの場外市場で買ってきた枝豆の袋を助手席に置いて、私が入ろうとすると、助手席ドアが歩道のガードレールに触れそうなので、家内に「前に出して」と言って、その前を見ると、何故か車の前に立っている婦警が見えたので、「すみません。そこを退いてくれますか？　発車しますので」と普通に依頼しただけですよ。その時、怒鳴るわけもないし、婦警が言ってること可笑しすぎません？
私は20年以上も客商売もやってますし、「俺は貨物だ」等という言葉は間違っても口から出ません。

検事　……たしかに。取締りについて知らなければ……。婦警から「標識」や「協定」の解説を受けてからでなければ言えない言葉ね。

警察官が免許証提示を求めた時、進が警官の胸を両肘で強く突いたとする場面については、このようにやり取りがなされたという。

検事　あなたが巡査の胸を7～8回連続して両肘で強く突いたと言ってるわ。

進　えっ～！　本当ですか？　私が肘で？　婦警の胸を肘で強く突いたと言ってるのですか？　どのようにですか？

検事　左右の腕をL字に曲げた格好で、胸を最初3回くらい肘打ちし、さらに注意されてもまた3回突いたと言ってるわ。

進　両腕をL字にして、その肘で婦警の胸を3回ずつ突いたと言っているのですか。

〔進は自分の腕をL字にしてカマキリのように、肘を挙げ、突く動作をしてみた。〕

検事さん、こんな格好で本当に突かれたと言ってるのですか？　ご覧のように、肩が痛くて、腕が肩まで上がらないのに（1年前の手術が原因で痛めた肩の治療中だった）、こんな不自然な格好で突けるはずありませんよ。その婦警の狂言です。第一、なんで私が巡査の胸をこのように無理な格好をして突かなければならないですか？　婦警は、突かれても胸を出し続けたということですか？

検事　たしかに不自然ね。

進　（築地署での）昨日の取調べの際にも、そのような肘で婦警の胸を突いたという話は出ていませんでしたよ。なぜ、このような話が今日になって出てくるのですか？　確か、昨日の午前中は「腕で突き飛ばしただろう」と刑事に言われましたが、午後からは「肘を横に振り回しただろう」、というようなことでしたけど。

理由もなく市民を長期勾留

五島検事は、この肘突き暴行の話は不自然でおかしいと思ったのか、進の話をさえぎるように話題を変え、運転席横のドア閉めで高橋巡査に傷害を負わせたという点に調べが及んだという。再び二本松進の陳述書に戻ろう。

検事　でも、運転席ドアを閉めて、巡査の右手首を挟んだでしょう。

進　えっ！　今度は右手首を挟まれたと言っているのですか？　無線通報した後、警察車両が来る前、婦警は左手首内側の白っぽい線らしきものを指差して、暴行、暴行と言っていましたけど。

検事　そうなの？　よく覚えているわね。

進　警察車両が来る前、それまで車両前から交差点のほうに行き、多数の観衆に左手を上にかざして、右人差し指で左手首内側を指して（ジェスチャーを交えながら）暴行、暴行とアピールしていましたから、昨日の事ですし忘れるわけありませんよ。完全に婦警の狂言です。

私がドアを閉めた時も、いろいろ問答していてらちが明かないし、外から婦警がドアを掴んで放そうともしなかったので、じっくり話して説得してからでなければ帰れないと外に出てドアを閉めただけです。外にいた高橋巡査の右手なんて挟められるわけないですよ。

「男が車に乗り込んで逃走しようと2メートル進んだところで阻止した」と警察官２人が主張している点についてはどうだったのだろうか。

検事　あなた、逃走しようとして車に乗ったでしょう。

進　えっ！　あの婦警は本当に私が車に乗って逃走しようとしたと言っているのですか？　あの車はＢＭＷの中でも珍しい緑色でナンバーも○○と目立つ車ですよ。あそこから店や家に「逃走」しようとしても、家か店に到着する前に簡単に捕まってしまいますよ。そんな馬鹿なことをする訳ないじゃないですか。

第一私は、（昨日は）一度も運転席に入ったことも、運転したこともありません。目撃者もたくさんいましたし、その事実を一番知っているのは、築地署の取調べ担当官ですよ。よくそんなことが言えますね。取調べ官は、昨日はそんなこと一言も聞きませんでしたけど。聞かれたのは、築地魚市場に来るまでの運転をしたかどうかという事件とは全く関係ないことだけでした。もちろんしていないと答えましたし、築地署はそれを確認して把握しているようでした。

検事 そうね。（本件車両の写真と他の資料を見ながら）目立つわね。この車ならあなたの言う通りすぐ捕まってしまうわね。それにたしかにあなたは車に乗ってなかったみたいね。

五島真希検事は、進を釈放せずに勾留請求した。その理由を後の裁判における陳述書で次のように示している。警察官の供述と二本松らの供述に「食い違い」があることに何度も言及しながら、《捜査を継続して被疑者や高橋巡査らの関係者の取調べを引き続き行うとともに、各人の供述の裏付け捜査を行わなければ本件被疑事実自体及び重要な情状事実が明らかにならず……》

一見すればもっともに思えるかもしれないが、事件の一部始終を目撃していた小川誠一らの目撃証人の供述からも、むしろ女性警察官２人の話がきわめて不自然であることは初期の段階から分かっていたはずである。仮に捜査継続と供述の裏付けが必要だとしても、進を釈放しても可能だ。ところが、被疑者を勾留するための要件（刑事訴訟法60条1項）を満たすと判断したという。

《同居の妻に働きかけて自己に有利な供述を作出するなどして罪証を隠滅するおそれ（2号要件）及び罪責を逃れて逃亡するおそれ（3号要件）があると判断しました。》

「妻にはたらきかけて自己に有利な供述」と言うが、相当数の目撃者たちの眼前で公然と起きたのだから、有利な供述の作出などあり得ないことは、常識的な人であれば理解できる。また、寿司店を含む会社の経営者であり、事件日には自宅新築の図面打合せの予定があった二本松進が逃亡するわけがない。

この程度で、一般市民を身柄拘束するのが当たり前になっているから、冤罪があとを絶たないのだ。

翌10月13日午前7時ごろ、進は東京地方裁判所へ連行された。再び長い時間待たされた末、午後1時ごろになってようやく呼ばれ、高麗邦彦裁判官と面接をし、あっさりと勾留が認められてしまった。進がその時の気持ちを振り返る。

「前日の五島検事との質疑応答で、間違いなく五島検事はこの事件を築地署の捏造であると理解してくれたものと思っていた私は、このベルトコンベアー式になされた勾留請求について、いったい、この国の検察官の判断力はどうなっているんだと心底強い疑問を持って裁判官との面接に臨みました。

高麗裁判官は初めに『被疑事実は間違いありませんか』と質問しました。昨日の五島検事の質問で、私の被疑事実が4点あることを初めて知りましたが、その4点全てについて、『婦警らの捏造であり、単なる狂言であります。不当逮捕した婦警らを訴えます』などと裁判官に宣言しました。

しかし、裁判官は、私の訴えをほとんど聞き流し、途中で一つの質問もすることもなく『そうですか』などと発するのみで、わずか5分程度の面談で勾留を認めてしまったのです。私は、裁判官が勾留を認めたことを知り、検事とともに判事の精査力・判断力はいったいどうなっているのか、これが本当の裁判？　と不思議でなりませんでした」

妻の悔恨

東京地裁で夫が高麗裁判官と対峙していた10月13日も、朝６時30分から月恵は事件現場に立った。進が後ろ手にされたときに、警察官と彼女の両方と言葉を交わした人物を探そうとしていたのだった。逮捕当日、「調書」を取られる時に女性警察官に「現場でこの私と一言しか交すことができず、それから『暴行なんてないよ』などと警察官に話していた方がいる」と、月恵は何度も訴えて調べて下さいと強く要求したが、取調べ女性警察官は一切無視したという。

せっかく話しかけてくれたこの目撃者ともっとしっかりと話したかったが、警察官の制止によって引き離されてしまった。そのことが悔やまれてならず、月恵はどうしてもこの人物を探したかったのだ。

しかし見つからず、８時40分ごろに築地署に向かった。だが、この日は土曜日だったので面会も差し入れもできずにやむなく帰宅したのだった。

夫の逮捕後、はじめて面会できたのは、日曜日を挟んだ10月15日の月曜日だった。そのとき、一番先にどうしても心につかえていたことを話さざるを得なかった。それは、警察官に「ご主人が運転してきたの？」と質問された時に「はい」と答えてしまったことだ。それは、ゴールド免許を取得できる寸前で、その日の駐車違反の言いがかりで切符を切られはしまいかと頭をよぎったため、とっさに軽い気持ちで「はい」と言ってしまったのである。事件当日弁護士には話したが「逮捕とは関係がないから」と取り上げてくれず、そのことを夫に早く伝えたく、ここ数日間ずっと苦しんでいたのだ。

「なんで？　だって私この何年間ずっと運転していないじゃない。その日の朝、あなたが運転してきたじゃない」と夫は驚いて、しばらく黙った。

しかし、夫は再び考えを廻らして月恵に伝えた。

「でも、そのとき（警察官の）2人は、あなたが運転して移動しているのをちゃんと見ていたんだから。誰がそれ以前に市場まで運転して来たかなどは全く関係ない。それより目撃者を3人も見つけたんだってね。よくやったね」と、妻の苦労をねぎらった。そのときの、ほっと肩の荷が降りたような感覚を月恵は今でも忘れない。

「私は、主人の冷静さと優しさに思わず涙が出てしまいました。面会に時間制限があるため、主人からは違う話、店の様子や私の体調などをいろいろと聞かれましたが、もう時間ですよ、と言われて仕方なく出てきました」

進が語ったように、築地市場に到着して仕入れをし、帰ろうとしたときに事件が起きたのだから、誰が現場まで運転したかはまったく関係ない。それどころか、現場にいた２人の警察官は、月恵が車に乗って一車両分以上移動するのを眼の前で見ていたのだ。それでも、一つでも事実と違うことを話してしまった負い目が月恵の心を重くしていた。

なんとかして夫の身の潔白を証明し、釈放させたい。月恵はその翌10月16日の早朝も築地市場まで出かけ、7時から目撃者捜しを続けた。それと同時に、根本的なことがおかしいと考えた。なぜ日ごろは仕入れの車であるなら車種を問わず放置駐車も許しているのに、事件の時だけ高橋巡査らは発車しようとする自分たちを妨害し、運転者でもない夫を逮捕したのか。どうしても合点がいかず何かの手掛かりを求めて、当てもなく事件現場周辺の写真を撮ったりしながら彷徨っていた。

事件のときは、運転席からお地蔵様が左斜め前に見える位置（11頁の図1のE）に停車していた。巡回の警察官と寝起きの顔を会わせるのが嫌でその場から離れようと徐行して進んだものの、T字路交差点を越えた前方に空きがなさそうだったので、夫に連絡するために一時停車した。その場所に警察が白いチョークで書いた印などを写真に撮り、そこまでの距離を計測して6メートル以上あることを確認した。その時点では、警察官2人が、まさか自分達の目の前で6メートル以上移動したのを20～30センチと供述しているとは知らなかったので、現場で6メートル以上移動していたと確認できたことが、それほど大きな収穫だとは思わなかった。

翌10月17日に月恵が面会に出かけようとしたところ、夫の取調べ担当だと名乗る中島有侍警部補から14時17分着信で携帯に電話があり、「昨日、ご主人から運転の話を聞いたが、あなたはご主人が運転したと言うし、ご主人は自分は全く運転していないと言うし、じゃあ一体どっちなんだということになったじゃないか。最初から言えばこんなことにはならなかったのに」と言われたという。夫が警察官に暴行し公務執行妨害をしたとして逮捕されたことなど全く知る由もなく、怒ってしまった警察官が最悪の場合せいぜい切符切るくらいと思い「はい」と答えてしまったことを（供述調書段階で否定してサインを拒絶してはいたが）重荷に感じていた彼女にとっては、小さな朗報だったかもしれない。しかし、逮捕された日に事情聴取されたときに、前橋巡査部長とのやり取りが険悪になってしまった経験から、警察に従わないとまた悪い方向にいってしまうのではないかという恐怖で、月恵は中島警部補に対して「ひたすら謝りました」と言う。ともかくこの電話で、築地市場まで運転してきたのは月恵であると警察は認めたということで、彼女の心は少し和らいでいた。

続けて「じゃあ、今ね、こっちとしては、目撃者がいるということで、その人から少しでもご主人に良いように有利な調書が取れるなら取って検事のほうに提出するから、その人の住所・氏名・電話番号を教えて」と言われた。

月恵は少し間をおいて「弁護士から連絡するように伝えます」と電話を切った。事件当日の取調べ（事情聴取）の強圧的な対応と違う穏やかな態度だったので、電話を切った後も不思議な感じがした。

「目撃者の小川さんなら当日に現場で氏名・住所・勤務先、電話番号まで刑事に教えただけでなく、事件当日の午後電話で聴取までしているし、他の目撃者からも名前・電話番号などのメモをとっていたにもかかわらず、なぜ私にわざわざ聞いてくるのか、私以上に警察は逮捕後に複数の目撃者から証言を集めていたはずなのに……」

こんな疑念もわいてきたが、目撃証人に関して警察から電話で問い合わせがあったことを、当時委任していた弁護士に伝えた。

事件から一週間が経とうとしていた。目撃者捜し、弁護士や警察とのやり取り、そして店の手伝いなどで、月恵はそろそろ限界を超えそうな状況になっていく。主のいない寿司店を切り盛りする甲斐専務も、それまで椎間板ヘルニアで1年以上休んでいたこともあり、まだ体が回復していない。月恵の心労は募るばかりだった。

「両肘で胸を突く暴行」から「ドアで警官の手を挟んだ」へ

築地署の刑事から月恵の携帯に電話があった翌10月18日、夫の進は再び検察庁に連行され、五島検事の2回目の取調べを受けた。再び二本松進の陳述書から抜粋する。

検事　二本松さん、調査で大体あなたの人となりや経歴が分かりました。お店、ずいぶん有名なお鮨屋さんのようね。行ってみたい店だわ。

進　どうぞおいで下さい。歓迎しますよ。鮨だけでなく、酒肴も美味しいですし、日本酒も垂涎のものばかり揃えています。きっと検事さんにも気に入ってもらえると思います。

検事　でも、さすがに、そうはいかないわよ。

第1回取調べの時は「あなた」と呼んでいた五島真希検事は、なぜか「二本松さん」と呼びかけるようになっていた。

検事　二本松さん、巡査の顔覚えている？

進　私は視力が弱いので、太ってがっちりした身体の印象しかないですね。

検事　写真見てみる？

〔事務官に向かって「いいわよね」と呟きながら、婦警の写真を見せる。〕

あの巡査、あなたが言うほどヒステリーでもなかったわよ。

〔2日前に高橋眞知子が検事の調べを受けていた。〕

進　何言ってるんですか？　検事さんの前だから取り繕っているだけですよ。

検事　ところであなたの奥さん、警察官が嫌いなの？　巡査は、車の中で巡回パトロールしている自分らを無視し、挨拶も無かったから「ムカッ」としたようよ。

進　そんなことないと思いますよ。窓を閉めて英語ニュースを聞いていたようですし、寝起きの顔がスッピンだったので、誰とも顔を合わせたくなかったようですよ。

検事　そうなの？　警官が車の前に立ったのは、単に挨拶ぐらいさせたかったからのようよ。

進　そんなことで私を逮捕してしまうのですか？　あの婦警は不良過ぎますよ。あの婦警をなぜ逮捕しないんですか？

このやり取りからすると、妻の月恵が寝起きで化粧も身づくろいもしない様子を見られたくなく、運転席に座ったまま無視するような形になってしまった。それに対して警察官が無視されたように感じて気分を害してしまった。事件の発端は、まったくたわいのないことだったと検事は認識していることがうかがえる。

ところが10月16日付の高橋の検面調書は、月恵は運転席にいたのではなく車外にいた、という虚偽の供述内容になっているのである。

検事　う～ん。それはそうと二本松さん、あなたの言うように、肘で胸を連続で突くのは無理としても、運転席のドアを閉めようとしたとき、警官の右手を挟んだことは思い出さない？

進　婦警がドアを掴んで放さないので、私がドアを閉めたのは覚えてます。しかし、（巡査は、車の外にいたのであるから）右手は、どのようにしたら挟めますかね？
しかし、なにしろ、短時間のうちに、何が何だか分からないうちに逮捕されてしまいましたので、細かい点については思い出せない部分もあります。一度、現場で事件を再現させてもらえませんか？

検事　いいわ、なるべく早く現場検証させてあげるわ。でも時間調整も大変なのよ。二本松さん、もう少しいてもいいかしら。

進　現場検証をさせてくれるなら、仕方ないということですか？

検事　そうさせてもらうわね。

最後の言葉どおり、ベルトコンベアーに載せて運ぶように進の勾留延長決定がなされた。進は不当な勾留延長に我慢がならず、10月23日に刑事事件に経験が深いと聞いたもう１人の弁護士にも委任し、２人の弁護士に「勾留理由開示請求」（10月24日付）を行うことを依頼した。

また、妻には保釈金の用意も依頼し、１日も早く勾留施設から出て、不当逮捕した女性警察官らを告訴すべく、意思を固めていった。

現場検証で微妙な表情を見せた捜査官

検事調べで進が要請したように、10月21日の日曜日には現場再現の検証が行われた。担当刑事4名以外に留置担当の警察官、運転者の警察官、それに、その現場を遠方の4ヵ所から見張っていた警察官、その他交通整理担当の警察官2〜3名の計12〜13名の布陣で行われた（被告の都は担当刑事4名のみで行なったとしている）。

勾留されている築地警察署から車で築地市場に向かう道すがら、現場で再現すれば事実が明らかになると思って進は期待を膨らませた。しかし「責任者（捜査主任官）の中島有侍警部補は、車で現場に行く途中でも、『今日は用事があったのに日曜出勤させやがって』とか『検事は元気だな、よくやるよ』とか、当日の現場検証には不満タラタラでした」と進は振り返る。五島検事は立ち会わなかったが、夫妻が仕入れに使った車と似たBMWを用意し再現の検証が始まったという。

現場検証は、ビデオとカメラで進の動きを順を追って撮影することから始まった。なお、このとき撮影した写真を含め報告書類も今に至るまで隠されたままだ。したがって書面から確認することはできないが、そのときの検証の様子を進は詳細に記憶している。そして前出の陳述書にも記載している。その陳述書にしたがって現場検証の様子をまとめてみよう。この部分に関しては、陳述書の内容を変えずに、読みやすく文面を一部修正し再構成している。10～11頁図1を参照していただきたい。

（1）まず、進が妻から携帯連絡を受けた場所から撮影が始まった。車の後方20メートル①ほどの公衆便所の辺りだ。そこから車までは10秒程度しかかからない。

（2）次に進が枝豆の入った袋を助手席に入れ、ドアがガードレールにぶつかりそうなので、妻に「前に出して」と言って前に出ると、それまで見えなかった高橋巡査が車の右前辺り②にいたので、「先を急ぎますのでそこを退いてくれませんか？」と声をかけた場面が撮影された。

（3）その後、車の辺りで問答した後、渡邊巡査部長が標識案内のため後ろの見えていない標識まで行き④、標識、「協定」について問答したところを撮影。

（4）車の後部に戻り、6～7メートル後ろに駐車してあった車との間（妻が離れようと移動したため空いたスペース（⑤）で、再び渡邊巡査部長と問答していた場面。

（5）次に、高橋、渡邊が切符ケースを突き出して進に詰め寄ったため、進が後ずさりし、ガードレールの縁石（⑥）に足元がぶつかり、よろめいた場面の撮影。進によれば、このとき中島警部補と前橋主任は顔を見合わせ、〈こんなこともあったのか〉という驚きの表情を浮かばせていたという。

（6）その後、さらに高橋と渡邊による切符ケース突出し行為が続くも、車道の方向へ逃げ、運転席ドアの辺り（③）まで来る場面。

『「こんな感じでドア辺りまで来ました」』と高橋巡査の胸を7～8回突く場面など全く無かったことを伝えたり、私が自ら検証しようとしているのを見て、中島警部補は『映画撮影じゃないんだから、早くしてくれよ。こっちは忙しいんだ』などと不満げに催促していました」と進は述べている。

（7）次に、ドア挟み場面になって、開いていたドアから進が「早く帰らしてよ」と言いながら、ドアの内側に入ろうとすると、高橋巡査がドアを掴んで放さないので、ドアがおかしくなると心配になった進が内側から外に出てドアを閉める場面が撮影された。

このとき捜査員は気になることをつぶやいた。進が話す。

「ドアの内側から私が出て閉める場面で、中島警部補も前橋巡査部長も顔を見合わせ、『立っている位置が逆だなぁ』とつぶやいたのです。この検証で高橋巡査が実際にはドアの外側にいたのに、内側にいたと嘘を言っていたことに私は初めて気がついたのです。はっきり言ってここまで嘘をついているとは、驚きを通り越して呆れかえってしまいました。

私が事実を究明すべく検証をしているのに、ドアの内側にいて車の前方を向いていたと主張している高橋巡査がどのように右手関節の表側（小指側）をドアに挟めるか、２人は検証しようともしませんでした。

外にいた高橋巡査がどのようにして、暴行の結果生じたと主張する左手首内側の白っぽい線を付けられるのか検証しようとして、私は交通整理の婦警をモデルに行おうとしましたが、またしても『映画撮影じゃないんだから早くしろよ』と催促し、その検証を妨害する始末でした」

高橋巡査が「ドアの内側にいた」という虚偽を供述していることを知り、取調官もそのことに気づかざるを得なかった現場再現検証（ビデオ・写真撮影）は意義があった。五島検事は現場再現検証をした時点で進の釈放を決定すべきだったのだ。

そして、この日以降、警察の文書作成にも変化がみられる。それまでの警察作成の写真撮影報告書類では、高橋巡査が進に直接肘で胸を突かれる様子を写真に収めていた。ところが、進が立ち会った現場再現写真撮影の翌日10月22日付の「写真撮影報告書」では、それまでまったく撮影されていなかった切符ケースを高橋が抱えている写真、同じく腕を曲げて胸のわきに抱えている写真、切符ケースのクローズアップ写真を撮影している。

進が肘で何度も高橋巡査の胸を突く暴行があったというストーリーを貫くのは無理筋であり、「切符ケースを介した間接暴行の可能性」という新しい材料を付け加えたのではないかと推察できる。

仮に暴行があったとすれば、高橋巡査が進に対し「免許証出せ」と切符ケースを突き付けて強要し、進が「出す必要はない」と言い争っていた場面以外にない。感情的になった2人が言い争っている最中に切符ケースを挟んだ間接的接触であれば、進からの軽微な暴行ということになり、公務執行妨害罪が成立するというシナリオである。もちろんその前提として、進が現認された運転手であり、駐車違反者であることを盛り込んだ筋書きが必要となる。

妻は証言する――10月24日の検事調べ

なお、夫の進が参加した現場再現撮影の３日後10月24日、妻の月恵も呼び出され、五島検事による調べを受けた。基本的には、事件当日に築地警察署で話したように、自分の体験を丁寧に話していったのだが、この日の調べで話したことを２点だけ記しておこう。

１つ目は、「警察官が移動命令を出し、月恵が20センチだけ移動させた」という点についてである。

検事　車は20センチぐらい移動したと言うけれど、どうなの？

月恵　その場を離れようとした人間が、右側の車やターレー（荷物運搬台車）の流れに気をつけながら発車したんです。それで前方に停めるところが無いと判断して一時停車したのに、たった20センチとは？　そんなこととても考えられません。実際は６メートル以上はありました。移動する前は大きな柳の木の向こう辺りでしたから……。

およそこのようなやり取りがあったという。月恵は事件現場まで出かけ、写真撮影し、事件発生直前に停めていた位置から移動して一時停止した地点までを正確に計測しているので「6メートル」と答えられた。

2つ目は、事件が起きた瞬間から夫が逮捕されるまでに、月恵がどのように車を乗り降りしていたかという点である。高橋・渡邊の両警察官は最初は路上に立っていたと供述したり、途中で月恵が運転席にいたのが、いつのまにか助手席に移動していたなどとも述べている。また、最終的に進が車に乗って逃走をはかり少し動き、警察官2人は車の前に立ちはだかり逃走を阻止したとしている。この日の検事調べで、月恵は時系列にしたがって車の乗り降りについて話しているのだ。

検事　逃走しようとしてあなたは運転席に入って座ったの？

月恵　いいえ。ドアが開いていて主人と高橋巡査がそこで口論していたら、突然高橋巡査がその場を離れたので、私は大勢の見物人が見ていたのもあって恥ずかしく思い運転席に入って座り、そこで高橋巡査の一連の行動が目に入りました。渡邊巡査部長に寄り添って左腕を見ながら話していたと思ったらいつの間にか通報したようで、声も聞こえませんでした。

車を乗り降りした月恵の行動に絞って時系列に整理してみよう。はじめ運転席に座っていた月恵は、仕入れ車であることを示すためトランク内の品物を見せようとしていったん外に出た。警察官と夫との言い争いがすぐに終わらず、夫に促されてガードレール沿いに移動して車に戻った。夫と渡邊巡査部長が後ろの標識辺りまで行って再び車の後部まで戻って言い合っていた。それを見聞きしていた高橋巡査がいきなり激しく「謝りもしないで」「今日は絶対行かせない！」などと怒鳴ったため、心配して月恵は再び路上に出る。そのあとに「間に合わないからもう帰ろう」と夫が言うので再び運転席に入ろうしたが、高橋巡査がドアを掴んで放さないのであきらめて出た（代わりに夫がドア内側に入り、ドア越しに高橋巡査と対峙）。高橋巡査が突然ドアから離れたので月恵は運転席に入り、かけたままだったエンジンを切って座ったら、高橋巡査が真正面で首を傾けて何か話している様子を見ていた（これが通報だった）。

まもなくけたたましい警察車のサイレンが聞こえたので、初めてことの重大さを感じてあわてて外に出て見物人のほうに行き「見ていた方いませんか」と目撃者を捜した。これが目撃証人も目撃していた事実である。このように、車を乗り降りする月恵の行動を追っていけば、高橋が車体と半開きのドアの間に立ったとか、夫の進が車に乗って逃走を図るなどという行動は、荒唐無稽だと分かるだろう。

月恵は緊張していたせいか、うまく話せなかったり忘れていたこともあった。そこでこの日の夜、検事とのやり取りと事件当日のことを順を追って思い起こしながら、忘れていることはないかと月恵は考えていた。

そのとき、築地署内で調べを受けていた際に4階の広い部屋で男性の電話の声に耳を澄ませて聞いたら「……何も無かったみたいです」「はい、はい」「なんか以前からのアザかシミらしいです」などと話していた電話のことを思い出した。さらに前橋巡査部長からも「実は何も無かったよね……」と言われたことなどを思い起こした。

警察官が怪我したなどということは絶対にありえないという思いが募り、今すぐにでも五島検事に伝えたくなって居ても立ってもいられないまま朝が来るのを待ち、9時きっかりに五島検事室に電話した。

思いがけずに五島検事本人が電話に出た。「本人が出たので驚きましたが、メモしておいたことを伝え、暴行のボの字もないのに、暴行箇所が『左手から右手に変わり』、その

『10日間の怪我と診断した診断書』も『怪我』も絶対怪しいからぜひ調べて下さい、とお願いしました」「分かった。診断書も含めて調べるから」と一応返答はあったが、調べた形跡はない。

なお警察は、全治10日間のケガという木挽町病院の角田直也医師による診断書を最後まで隠し通した。

虚偽自白

一方の進は、10月21日の現場再現検証以来、何の尋問も受けなくなり、留置場に入れられたままの状態が続いていた。そもそも、まともに取調べがあったのは、逮捕された10月11日だけで、あとはただ〝監禁〟されていただけである。

10月27日の午後４時ごろ、久しぶりに中島警部補から取調べ室に呼ばれた。

「ここで思いもよらない話を中島警部補から聞かされたのです。『五島検事からの提案だが、暴行の回数を減らし、傷害を暴行（防衛）とするがどうか？』と」

つまり、言い争いをしているうちに肉体的接触はあったが、相手に障害は負わせていないので罪は軽くなる。それなら自白調書にサインしやすくなるだろう、という提案と思われる。

これは司法取引だと進はとっさに思った。もちろん、アメリカなどで従前からあった司法取引や、２０１６年の刑事訴訟法の改悪により日本でも導入された司法取引とは少し違うかもしれない。だが、「供述内容によって司法による決定を変えることを取調べ側が被疑者に提案する」ということだから、取引には違いないのではないか。

「それまで証人聴取などの捜査でも私との面談でも、肘突き暴行、ドア挟み傷害も無かった事実を完全に把握しているはずの五島検事が、このような提案をしてこられたことに、私は心底驚くと同時に、検察に対する底知れぬ恐怖を感じたことも忘れられません」

誰でも可能性のある交通取締りをめぐる争いがきっかけの事件から、進は警察・検察という司法の闇の一端を垣間見たのかもしれない。白をも黒くできる闇は恐怖であり、身柄拘束され外界から遮断された人間が受ける衝撃は想像をはるかに絶する。

この〝取引〟についてだが、五島検事は陳述書で、《「暴行の回数を減らし、傷害を防衛（暴行）とする」などという取引のようなことを持ちかけたことはありません》と否定。さらに「警察取調官から受けた報告」という形で、次のように説明している。この陳述書によると、二本松が取引を持ちかけられたとする日より10日ほど前、10月16日と17日の取調べ内容について警察担当者から報告されたとしている。

《同月16日及び17日に行われた警察官による取調べにおいても被疑者の供述調書は作成されておらず》と、まず調書を作成していなかったと明記する。そして次のように続く。

《担当警察官からの報告によると被疑者は、本件被疑事実を認める供述はしなかったものの、「私の事件で前科がつかない処分にしていただけるなら認めてもよい」旨取調官に言い、取調官において「取引のような調べはできない」旨告げて取調べを終えたとのことでした。》

警察の取調べ担当官は、進の話とまったく逆のことを検事に報告していたことになる。そもそも、取調官の報告が正しければ、二本松進にとって不利になり警察側が有利になるのだから、なぜ調書を作成しなかったのか。

実際は、事件の核心部分である「警察官に暴力をふるったか」について進は完全に否認し、早く釈放してほしいから「暴行以外のことは警察寄りの調書を書いてもよい」という主旨のことを言ったにすぎない。そして調書も作成されなかったことを、あたかも取引かのように五島検事は陳述しているのだ。

これを印象操作という。

恐怖は現実になった。築地警察署の取調室で「取引」を持ち掛けられた二日後の10月29日、進は検察庁に送られた。午前10時30分、東京地検504号室で五島検事による3回目の調べがあったのだ。進が検事の正面の椅子に座り、検事の右側には柏木亮彦検察事務官、進の後ろには築地署員が位置していた。

「二本松さん（勾留理由開示の）公判なんか必要無かったのに……。経費かかるんじゃない？」五島検事は、こう切り出したという。実際に弁護士2名には160万円を支払った。

勾留理由開示裁判とは、刑事訴訟法82条に定められた被疑者や被告人の権利である。裁判官・裁判所に対し、公開の法廷で自分が勾留されている理由の開示を求めることができる。これは、憲法34条の「何人も、正当な理由がなければ、拘禁されず、要求があれば、その理由は、直ちに本人及びその弁護人の出席する公開の法廷で示されなければならない」により保障されている権利だ。

国家権力が身柄を拘束するのだから当然なのだが、裁判所が発布する勾留状件数に対して勾留理由開示裁判がなされるのは1パーセントにも満たない。進は、今回の勾留には正当な理由がないと、弁護人を通して公開裁判を要求していたのである。

進が少し間をおいてその理由を話そうとすると、それを遮るように五島検事は次のように決然と言ったという。

「被疑事実の肘で巡査の胸突く暴行は1回も無かった。傷害は自傷」

これに対して五島検事の陳述書による反論では、《過失による受傷の可能性があるという説明はしたかもしれませんが、（中略）高橋巡査の自傷によるものであるなどと断定的な説明をしたこともありません。》

断定的な表現かは別として、高橋の「過失による受傷」とは、とりもなおさず「自傷」ということでしかない。つまり、進が意図的に傷つけたことはないと明確になっている。

「そして一呼吸おくと五島検事は、自分の大きな机の左側に置いてあった箱のようなものを取り上げ、自分の席から立ち上がって、机の左側から正面の椅子に座っている私の右前に来ました」と進は言う。

そのときの状況を彼は陳述書で次のように述べている。

《検事「二本松さん、椅子から立って、これを突いてみてくれない」

私はその何故か分からない言葉に迷いながらも、立ってそれを掌で押すと、検事は首を

少し傾けながら
検事「うん〜、胸に振動が少しは伝わるわね。」
等と呟きながら自分の席に戻って行ったのです。その後、
検事「でも、あなたも婦警もお互いに興奮していたことは事実でしょ。あなたの腕が、婦警の持つ切符ケースにこのように触れ、その振動が婦警の胸に伝わるということはあり得ることじゃない？」
「婦警は初めて胸を突かれてとてもショックだったと言っているのです。男性としてそれはそれで可哀相だと思わない？」
と言うと検事は、自分の大きな机の左側にあった分厚い本の用意してあった特定頁を開き、私の前に出して、
検事「婦警の持つ物に触れただけでも公務執行妨害となる判例もあります。これです。それとも、あなたはこの判例と闘いますか？　もし、あなたが、この申し出を受けてくれないのでしたら、起訴します。受けてくれれば悪いようにはしませんから」
と、脅してきました。私は、確かに切符ケースにも触れていないとは言い切れない、もし起訴されたら巡査らの証言だけで裁判官は判例に従い99・9％有罪にしてしまうのかも知

れない、と日本の刑事裁判への恐怖に駆られました。》

きわめて重要な場面だが、この点について五島検事の主張を見てみよう。

《私が判例集等で調査検討したことに基づき、裁判例では鞄などの物を介してのいわゆる間接暴行も公務執行妨害の暴行に当たるとされているという説明をしたことはあったかもしれませんが、分厚い本の特定頁を見せた記憶はありませんし、「判例と戦いますか」などとは言っていません。》（五島検事の陳述書）

細かな言語表現や動作はともかく、ここでの最大のポイントは、一般人が警察官の鞄に触れただけで公務執行妨害の暴行に当たる判例があると明示している点である。法律や裁判に素人である被疑者がこれを聞いたら、「もう逃れられない。となれば少しでも〝暴行〟の程度を軽くしてもらわなければ……」と思うのが普通ではないだろうか。再び進の陳述書を引く。

《五島検事が作成した調書の内容は、私が婦警の持つ切符ケースに何回か（連続して7〜8回という言葉を入れようとしたので、それは拒絶して書かせませんでした）触れ、その振動が婦警の胸まで響いたことを、暴行と感じたのであれば、男として、「申し訳ない」、「ご免なさい」というようなものであったと記憶しています。》

〔「すでに左手首内側から右手小指付近へと移ったドア挟み暴行場面は一切、調書に書かれていませんでした」と後に進は語っている。〕

《五島検事は、「ご免なさい」等を、更にもう少し多く入れたがっていましたが、隣の柏木検察事務官が「もう、それでいいんではないですか」と助言し、「そうね、これでいいかしら」と言いました。更に、五島検事は「あなたに、高橋巡査のところまで行って謝ってもらおうかしら」と、私と事務官の顔を見ながら冗談半分に言いましたが、事務官の「そこまでやらなくてもいいんではないですか」の一言で、それは無しになり、そして五島検事はその調書を柏木検察事務官に打たせるのではなく、自分でパソコンに打ったのです。

打ち終ると、私にその文面を読ませ、「どう?」と聞かれたので、私は「こんな出鱈目な……」と口から出かかるのをかろうじて止めて、「検事さん、若いわりに文書作りがう

まいですね。優秀なんですね。」と相当の皮肉をこめて言ったのですが、検事は満更でもない顔をしていました。（中略）

私は、起訴有罪率99・９％という数字を知っていましたので、五島検事のこの茶番的司法取引に、今は同意しておかなければ危険だな、と思ってしまったのです。そして、今でもその選択は賢明であったと思っております。もし、拒否していたら、判例に従い、警察、検察の虚偽の文書を精査しきれない裁判官から「有罪」を宣告されて前科を付与されていた可能性が99・９％であったとの戦慄を禁じえません。》（以上、二本松進の陳述書より）

この日の午後４時から勾留理由開示裁判が行われた。公判で進は、女性警察官の虚言が事件捏造の大元であり、そちらを勾留すべき責務が警察、検察にあるはず、と主張した。傍聴席にいた妻は、夫の姿を見るのがつらくて顔を上げられず、内容もあまり耳に入らなかったという。

こうして裁判はまもなく終了し、妻は何も分からず涙を堪えながら退廷した。

勾留理由開示裁判が終わると、進は築地署の車で築地署に向かい、釈放されて夕方６時ごろに妻と２人の弁護士と共に築地署を後にした。

新宿区の店に着くと、２人の弁護士を交え寿司と酒を３時間ほど楽しんだ。19日ぶりに得られた自由だった。

第5章　被告都、被告国の証拠秘匿と闘う夫婦

釈放の翌日から闘いの準備

19日ぶりに自宅で眠った二本松進は、朝起きると、休養することもなく仕事に取り掛かった。前の年、彼の店はテレビ番組に5回取り上げられ、雑誌にも10本くらいの記事で紹介されたこともあり、満席でお客が入れないほどの繁盛ぶりだった。休んでいる暇はなかったのだ。

それに、築地警察署に〝監禁〟されていた期間、従業員たちは3日間ランチタイムを休んだだけで働き詰めだったので、休ませなければならなかった。

だが、気丈に一日の仕事を進めていったものの、夜ともなれば悪夢にうなされる日が続いた。なぜか正体不明の男たちに囲まれ、両手を無理やり後ろ手にされようとするのを必死に抵抗する夢を繰り返して見ることになる。それは、事件からだいぶ経っても同じだった。

あまりにも激しく夫がうなされるので、月恵はその様をメモしたこともある。たとえば事件から丸5年が過ぎた2012年12月23日深夜2時15分ごろ、「何するんだ！　……刺そうとしている！」と叫び、足をバタバタさせて進は突然起き上がった。このように夜にうなされて起きることもたびたびあったという。

進は、最初に逮捕されて警察車両で築地署に連行されたときの車中で警察を訴えると伝えてからその意思は変わらず、19日にぶりに釈放されて築地署から新宿区の店に行く車中でも、改めて裁判を起こす意思を弁護士らに伝えた。

一晩開けて、さっそく仕事と裁判の準備にかかった。「留置場に監禁されていたときから、高橋眞知子巡査に賠償を求める訴訟を起こそうと決めていました」と進は語る。とはいえ、当時は法律の専門知識もなく、何ができるかも分からなかった。そこで、夫婦は新宿の紀伊国屋書店まで出かけて法律関係の書籍を買い集めた。刑法、刑事訴訟法、民事訴訟法、国家賠償法など、それまで家の本棚に一冊もなかった法律関係の本がどんどん増えていった。

夜明け前の4時前後に起床し、法律関係の本を読み漁る。朝6時になると築地に仕入れに行き、8時過ぎに戻ってシャワーを浴びる。そして朝食をとってから昼前の11時から昼2時ごろまで店で働く。昼のランチタイムが終わると当時店の近くに倉庫兼休憩所として借りていた借家で少しの仮眠をとる。夕方は5時から夜11時30分前後まで再び店で働く。その当時、自宅は店から離れた港区にあったので、月恵が店への送り迎えをしていた。

妻 19日間で体重激減！

夫の逮捕以降、差し入れ、面会、弁護士との折衝、目撃者捜し、夫が留守の店のこまごまとしたこと……。月恵はほとんどまともに寝ることもなく、ひたすら夫の無実を訴えて奔走していた。

19日ぶりに夫が釈放され、築地署から新宿区の店に着くまでの間に、一番先に目撃者3人に釈放の報告とお礼を携帯電話で伝えるなど、気遣いも忘れなかった。このとき、胸を突く暴行は認められず、巡査の傷は自傷ということになったという内容も伝えた。

「しばらくは笑いのない生活がつづきました。私は、『逮捕』『勾留』などという言葉を恥のように感じ、そのことが私を苦しめました。自分の愛嬌の足りなさや、笑顔の大切さも実感しました」

彼女がこう言うのは、交通取締の警察官に笑顔であいさつし、「ご苦労様です」「どうもすいません」などと腰を低くしなかったからこんなことになったのでは、という考えが拭い去れなかったからである。

そして、それまで健康だった月恵の心身は蝕まれていった。事件前は158センチで53キロだった体重が19日間で47キロにまで落ちていた。事件現場の光景が何度も目に浮かび、ああすればよかった、こうすればよかったという思いが24時間頭から離れない。それに、警察や車に関連する夢を何度も見るようにもなった。これを精神医学で「再体験症状」という。本人曰く「ストレスで体の各細胞が悲鳴をあげていると限界を感じた」。

年が明けて2008年2月、月恵は2週間の入院を余儀なくされた。入院直前から目眩い、動悸や息苦しさ、不眠、興奮しやすい状態が続いていた。退院はしても、5月くらいからは両手のしびれが急に起こり、包丁や歯ブラシ、傘なども握りにくい状態にまで悪化していった。

その日何を食べたのか分からなくなるなど物忘れもひどく、都内の大学病院神経内科を受診、再度入院し治療を受けることになった。さらにその後、通院しながら調べた結果、うつ病などの精神健康障害の可能性を疑われて、同病院のメンタルケア科を紹介されたのである。事件翌々年の２００９年６月にメンタルケア科を初受診し治療に通っていたが、思うように体調が良くならず悩んでいた。様々な体の不調は、夫の冤罪事件の未解決が根本原因だと月恵本人はだれより痛感していたので、途中、治療も諦めていた時期もあった。ところが、根本原因である夫のでっち上げ逮捕事件のことを月恵は医師にも誰にも一言も話さず苦しんでいたのである。それは「〝逮捕〟という言葉が恥ずかしくて言えなかった」からだ。

この苦しさが半端でないことは、７年近くの時を経て大学病院の専門家から指摘されることになる。そのことは後述しよう。

裁判所・検察・警察を相手に国家賠償請求訴訟

進は仕事と法律の勉強に明け暮れ、事件からおよそ4ヵ月後の２００８年2月14日、高橋眞知子巡査を相手取った損害賠償請求を東京地裁で起こした。警察・検察の関与については全く不明であったから当事者のみを訴えたのだが、簡単に判断できる事件だと考え、弁護士に依頼せず、本人訴訟で行なったのである。

しかし同年3月27日に一審棄却された。諦めずに、ただちに東京高裁に控訴したが8月6日再度棄却された。一審提訴から高裁での棄却までわずか半年だった。このとき裁判所から、この内容では国賠訴訟でないと受け付けられないと言われ、国賠訴訟に切り替える決断をしたという。

国家賠償法に基づき、損害金の支払を求めて個人が国や地方自治体を訴えるのが、国家賠償請求訴訟（国賠訴訟）である。公務員個人に責任を負わせる訴訟は起こせないから、この事件の場合は、警視庁を管轄する東京都と検察庁および裁判所を管轄する国に対して訴訟を起こすわけである。

進は、逮捕されたときの弁護人を務めた弁護士に相談に行き、訴訟の代理人を依頼したが断られてしまった。このときの弁護士による説明が、日本における国賠訴訟の異常さをはっきりと示している。

1、国・都の特別公務員が係わる訴えはほとんど敗訴になる。
2、短期では終わらず長期戦になる。
3、勝訴しても賠償額は雀の涙程度。
4、弁護士費用に見合う成功報酬も期待できない。

特別公務員に関する訴訟なら勝訴する可能性は極めて低い。公務員のうち、裁判所・検察・警察の職務を行う公務員（裁判官、検察官、警察官）と、彼らを補助する者（裁判所職員、警察署事務職員など）を「特別公務員」という。とりわけ相手が警察なら、原告が勝つのは極めて困難なのである。

しかし弁護士に断られても、進は国賠訴訟を諦めなかった。さらに勉強し、自分自身で国家賠償の裁判を起こす決意を固めた。

事件から2年、警察官個人に賠償を求めた裁判の請求が棄却されてから1年あまり後の２００９年10月29日（釈放日）、ついに国家賠償請求訴訟を東京地裁に提起したのだ。原告は、二本松進、月恵、二本松の経営する会社の三者である。会社は、寿司店のほかに、経営コンサルティング、貿易、不動産などの経営も業務としている。

被告は国（検察庁・裁判所）、東京都（警視庁）だ。請求の趣旨は三つある。

第一、二本松進に対し約583万5500円、妻の月恵に対し220万円、会社に対し110万円の賠償金を支払え（裁判中に請求金額をこのように変更）。

第二、被告の東京都と国は同種の事件の未然防止対策を明らかにし、今回事件にかかわった特別公務員に対する処分内容を明らかにせよ。

第三、訴訟費用は被告の東京都と国の負担とせよ。

二本松夫妻がこの裁判で成し遂げたかったことは、次にあげる項目の責任を、東京都と国にとらせることだった。

＊築地警察署の高橋眞知子巡査。事件そのものを捏造し、虚偽の緊急通報をして進を逮捕させた。

＊渡邊すみ子巡査部長。暴行を受けたなどという高橋巡査の供述が虚偽であることを現認

しながら、現場で止めることもせず、同調して供述した。

＊中島有侍警部補、前橋淳一巡査部長。二本松夫妻や高橋・渡邊両警官を調べて虚偽供述をそのまま書類を作成した。また、実況見分調書や再現写真報告書を作成した小島修平巡査部長。

＊櫻榮茂樹築地警察署長。虚偽供述にしたがって公文書を作成、検察に送致した。

＊東京地検の五島真希検事。安易に勾留請求し、暴行の事実なしと目撃者などが証言し、高橋、渡邊らの供述に疑義があるにも関わらず、勾留延長請求をし、最終的に起訴猶予裁定を行なった。起訴猶予とは、有罪だが裁判で審理しないことであり、「前歴」がつく。

＊精査することなしに勾留決定をした東京地裁高麗邦彦裁判官、同じく勾留延長決定を行った岸野康隆裁判官。

つまり、直接の事件を作りあげた現場の交通取締警察官のみならず、取り調べた築地警察署捜査員ら、逃亡する恐れのない進を勾留し続けた検事、それを認めた裁判官ら全員が、無実の被害者でしかない一般市民を〝監禁〟し、「前歴」という汚名を着せたことになる。

被告都・国はほぼ全面的に否認

権力の不当な振る舞いに対して並々ならぬ決意で裁判を起こした二本松進は、どこかに冤罪者などを支援する団体はないかとネットや書籍などで調べ、見つけたのが日本国民救援会であった。

日本国民救援会のホームページによると、1928（昭和3）年4月7日に結成された人権団体であり、戦前は治安維持法の弾圧犠牲者の救援活動を行い、戦後は、日本国憲法と世界人権宣言を羅針盤として、弾圧事件・冤罪事件・国や企業の不正に立ち向かう人々を支え、全国で100件を超える事件を支援している（2017年10月12日現在）。

この日本国民救援会をたずねたところ、「国賠裁判は弁護士をつけないと即却下される」と、東京四谷にある東京法律事務所の小部正治弁護士と今泉義竜弁護士を紹介された。さっそく二本松夫妻は彼ら2人に委任した。そしてこの2人の弁護士は、訴状に続く第1準備書面から本格的に乗り出した。訴状に対して被告が答弁書を提出して審理が進むのだが、まず、東京都（警視庁）の答弁書を見る。

２人の女性警察官が車まで来たときに、運転席にいた月恵及び目撃者らは5～6メートルは移動させたと主張しているが、「本件車両を30センチ（5メートル前後ではない）前進させて停車させた」と反論。

事件の発端である高橋巡査と進が出会った場面だが、月恵が携帯で連絡してすぐに（10秒程度で）進が車まで戻ったことについては、「2、3分後（10秒程度ではない）」と反論している。つまり、交通警察官と真正面から顔を会わせるのを気にした妻が「そこから離れる」と夫に伝えるため電話してから、夫は相当程度経過してから帰車したことになる。

被告の東京都は、警察官が車両を発見してから一連の出来事を経て緊急通報するまで5分としている。ところが、買い物を終えた進が車まで戻り高橋巡査と遭遇した時点で、すでに5分程度経過していることになり、その後起きたとされる様々な出来事は5分間の中に入らない。

進と高橋が最初に言葉を交わした場面についても全面否定だ。

「『すぐ発車しますのでそこを退いてくれますか。』などと声を掛けたとの点は、否認する」としたほか、買い物から戻ってきた進が「本件車両に戻ってきて、乗り込もうとしたことは認める。ただし、助手席ではない」と反論している。つまり、助手席に乗り込もうとしていたのでは、運転席に乗りこんで逃走を図ったというストーリーにつながらない。さらには、進を駐車違反者ということにはできなくなる。

高橋巡査が月恵に言ったと原告らが主張する「この車は乗用車だ。謝りもしないで。今日は絶対行かせないから」という発言を繰り返したり、「ヒステリー状態になっていった」ことは完全に否認している。

運転席右側ドア越しに言い争いをしていた場面はどうか。ドアの内側に進がおり、外側に高橋巡査がいたことを否認。そしてドア越しに問答しているうちに、高橋巡査がケガをしたと主張して「左手首」を示し、さらに交差点中央付近まで進んで暴行されたと左手首をかかげてアピールし、駆けつけた築地署員らにも暴行されたと左手首を示したという点についても、否認したのだ。

築地署で進が自白を強要されたことについても「否認ないし争う」という答弁で、進が提出した訴状の内容の大半を否定する内容だった。もう一つの被告・国はわずか1ページの答弁書で「追って準備書面により主張する」にとどまっている。

その準備書面（1）（2010年5月21日付）では、築地市場前の現場にかかわる部分については、被告・東京都とほぼ同じ内容の反論である。ただ一つ違うのは、月恵が30センチメートル前方に車を移動させたという東京都に対して、国の答弁は「本件車両を一旦発進させたが、約20センチ」と10センチ短くなっている。

五島真希検事による07年10月29日の第3回取調べの際に、「黒カバンに触れて、黒カバン経由、高橋巡査の胸に振動が伝わって申し訳ありませんでした」などと自白調書への同意を五島検事が促し、『これに同意しないなら、起訴します』と脅した」という原告の主張についても「不知又は否認ないし争う」としている。

裁判は警察と検察による証拠秘匿との闘い

裁判が始まったといっても、二本松たちにとって、当日の実体験と記憶がたよりだった。警察や検察は犯罪捜査規範に則って収集した大量の捜査資料や供述調書、実況見分調書その他の証拠資料を握っているが、二本松夫妻には何もなかった。多くの人は、裁判といえば、証拠書類が裁判所に提出されて証人が証言する様子をイメージするだろう。しかし実際は違い、刑事事件でも民事事件でも権力が握っている不都合な証拠はなかなか開示されない。

そんな折、裁判が本格化しようという時期の２０１０年5月26日付で、被告の東京都が「文書送付嘱託申立書」を裁判所に申立てた。送付を求める文書は「被疑者二本松進に係る公務執行妨害及び傷害被疑事件（事件番号平成19年検第２５０５２号）の送致記録の文書一切」。証明すべき事実として「渡邉巡査部長らの職務執行に違法な点はないことなど」と書かれている。原告弁護士らも驚くほど不可思議な申立てだった。

文書送付嘱託とは、民事訴訟法２２６条に規定されたもので、裁判所が文書の所持者に対して その文書の送付を嘱託し、応じて送付された文書を証拠とするものである。公正な民事訴訟に寄与するのだから、被告東京都は全く正しい姿勢だ。すべての関係書類を証拠として裁判所に出し、そのうえで公正な審理を進めることに全証拠の開示は寄与する。

ところが、翌5月27日に、５人いる被告都の指定代理人（本件裁判合計延べ23人のうち、都は12人）の1人・篠崎威栄が「取下書」を提出。前日に出した申立書を取り下げたのである。

ここで一般には聞き慣れない「指定代理人」について説明しておこう。国賠訴訟で原告の代理人を務めるのは普通の弁護士だが、訴えられたのが地方自治体ならば、その首長から、地方自治法に基づいて訴訟事務遂行の権限委任を受けた監察官や訟務官などの職員が

「指定代理人」として当たり、訴えられた組織を防衛する。同時に訴訟手続に精通している検察官（訟務検事）も代理人とする。原告席から見て真正面に居並ぶ指定代理人たち。その〝対面〟がある度に月恵は気分が悪くなり、腹痛が起きてしまう。裁判が続くうち、裁判所の建物に入るだけで激しい腹痛に見舞われるようになっていった。

話を戻そう。いったん求めた送付嘱託を翌日に取り下げた理由は、もちろん明らかにされていない。可能性としてひとつ推測できるのは、警察が検察庁に送致した後、検察内において作成された資料をすべて把握しておき、裁判を有利に進めるためと一瞬考えたのかもしれない。しかし翌日に取り下げたということは、すべての証拠書類を明らかにすることは、「被告にとって不利になる」と判断したとみて間違いない。

すべての文書を求めながら翌日に申立てを取り消した東京都に対し、一方の原告らは同じ年の10月22日付で文書送付嘱託申立書を提出した。当然にその中身は、いったんは東京都が申立てたものと同じである。

1、築地警察署長から東京地方検察庁へ送致された本件に係る記録の一切（逮捕状、捜査報告書、写真撮影報告書、実況見分調書、原告らの供述調書、高橋巡査、渡邊巡査部長の供述調書、及び高橋巡査の診断書など）。

2、二本松進、月恵、目撃者などの本件に関して作成された司法警察員ないし検察官作成の供述調書一切。

3、上記以外の本件に関わる司法警察職員ないし検察官もしくは検察事務官が作成した文書一切（捜査指揮・事件指揮簿・取調状況報告書・捜査メモ等）。

真実を明らかにするため当然の申立てと言っていいだろう。

原告らはさらに、2010年11月8日付でも文書送付嘱託を申し出ている。

年が明けた2011年1月7日、ようやく国（東京地方検察庁）は、次の5点の文書を送付してきた。

＊事件発生日の被害者（高橋眞知子）の負傷状況を撮影した写真報告書写し（「みるみるうちに赤く腫れてきた」と高橋は供述しているが、そのような状態は明瞭に写っていない）。

＊被疑者の車を撮影した写真撮影報告書写し（事件直後の現場検証時に撮影したものでなく築地署周辺で撮り直したもの）。

＊原告車のエンジン鍵を撮影した写真報告書写し。

＊切符ケースを持ったところ、および切符ケースそのものを撮影した写真報告書写し。

前述のように、はじめ警察は、進が高橋の直接胸を突く再現写真報告書を作成した。だが、このとき送付された報告書は、進が参加した現場再現検証翌日の２００７年10月22日に作成したものである。裁判の過程で「切符ケースを通した間接的暴行」を浮上させざるを得なくなったため、この報告書を出したと考えられる。

これでは、事件を裏付ける主要な文書が抜けており、個人が国や地方自治体を訴える国賠訴訟では裁判を進めようがない。基本中の基本である本人や妻、関係者の供述調書はもとより、進を勾留し、さらに勾留延長した根拠となるはずの高橋眞知子、渡邊すみ子両警官の供述調書すら、この時点では出されなかったのだ。

写真撮影報告書は何点か出されたが、逮捕直後の現場検証時の写真や実況見分時の写真を1枚も提出しないなど、不利な証拠はほとんど開示していない。また、何人もの目撃者がいるのに目撃証言に関する調書やメモ類も全て隠蔽したままだった。この種の裁判では、警察や検察が証拠提出を拒めることが問題になっており、二本松夫妻は、文書提出命令の申し立てを6回も行なっている。

事件直後、妻の前で30分以上かけて行なった現場検証時の写真、1回目の実況見分時の撮影写真、2回目、3回目の実況見分調書、妻の員面・検面調書、進の築地警察署における調書類、検察庁における2回作成された調書、検察官作成の不起訴裁定書及び目撃者・小川の供述調書、目撃者・坂本の電話録取書、検察事務官作成の目撃者須永の電話録取書などだ。

どれも重要な証拠であり、これらの証拠類が所持している被告らから出されず、この時点で約2年間も〝証拠書類なし〟に近い状態で裁判が続けられていたのである。

開示された5つの文書

実は、警察と検察が作成を義務付けられた犯罪捜査規範に則った「類型証拠文書」と言われる一連の証拠文書類は約40種もあり、裁判で真実を解明するためには、公務執行妨害罪を証拠付けるための客観的証拠文書を裁判所に提出して、吟味しなければならない。そのうえで、原告の二本松らをはじめ、交通警察官2人、主に捜査を担当した警察官と検察官、複数の目撃者の証人尋問を法廷で実施すれば、さらに事件が明確になる。

ところが現実には、権限のない一般人が警察や検察を相手にする裁判において、証拠類が隠蔽されたまま証人尋問も拒否されたのでは裁判の進めようがない。ましてや、裁判所・警察・検察などに所属する特別公務員が係わる〝身内〟に関する裁判だ。

提訴から1年を目前にした２０１０年10月から、文書提出命令を訴えはじめ、何度にもわたる申立てを行い、被告の東京都と国は文書を提出しない旨の反論、意見書なども何度も書き、さらに原告二本松らは逐一反論する……。文書提出命令をめぐる書類だけで数百枚にのぼった。文書を出せ、出さない、と延々とつづく双方の応酬を読むと気が遠くなる。そして、二本松進の並々ならぬ執念が、膨大な記録の行間からにじみ出るかのようだ。

最終的には２０１２年３月23日、東京地裁の垣内正裁判長は、原告二本松らが請求した15の文書に対し次の決定を下した。

1、相手方は、本決定の送達を受けた日から3週間以内に、別紙文書目録記載7、8、11及び13の各文書を当裁判所に提出せよ。

2、申立人のその余の申し立てを却下する。

右記7、8、11、13と番号で示された文書は次の通りだ。

7　警察官または検察官作成の高橋眞知子巡査の供述録取書

（1）平成19年10月11日（事件当日）員面供述調書
（2）平成19年10月16日付検面供述調書

8　平成19年10月11日付　渡邊すみ子巡査部長の員面供述録取書

11　二本松進の現行犯人逮捕手続書

13　平成19年10月11日付実況見分調書

〔写真に関しては、事件直後の現場で真実を撮影したものではなく、築地署周辺で撮り直した再現写真が提出された。〕

証拠文書の開示を請求してから1年5ヵ月もかかり、ようやくこれだけの結果が出たのである。きわめて不十分であり、大半の証拠類が隠蔽されたままであるから、相変わらず個人と国家という不公正な争いが続くことになる。とはいえ、ここに示された文書は事実認定にかかわる最低限度の文書であり、この裁判にとって重要だったことが後に分かる。

膨大な証拠書類が隠されたままであるなら、原告と被告の争いでは「言った・言わない」「やった・やらない」になり、もちろん国家権力を直接行使する警察や検察が有利になる。

それだけに、名乗り出た４人の目撃者への証人尋問実現への期待が高まっていた。

事件の翌日に、妻が現場で探し当てた３人に加え、裁判になってから1年目の日本国民救援会と原告ら及び弁護士、あるテレビ局ディレクターによる現場での再検証、更なる目撃者探しと支援要請を行った際、もう1人の目撃者（久郷力雄）が現れたので、目撃証人は合計４人にのぼる。しかも全員が、それまで二本松夫妻と面識がなく、商売上の取引もない、利害関係のない全くの第三者だ。

唯一の客観的な証拠と言えるのが、４人の目撃証言ではないだろうか。

第6章

全面対決の証人尋問、9つの謎

4人の目撃者の証人尋問を拒絶する真意？

二本松夫妻と弁護士の粘り強い働きかけにもかかわらず、文書提出命令の決定が下った後も、事件直後の現場写真や夫妻の供述調書などの基本的な証拠を警察や検察は隠したままである。そうなれば、ただひたすら声を大にして身の潔白と相手の不法行為を述べ続けなければならない。被告は国家権力だから、指定代理人たちは税金から給料をもらっており、裁判に必要な資金も税金から支払われるため、裁判が長引こうが、証拠を隠そうが、痛くもかゆくもない。次から次へと高給取りの官僚である指定代理人を変えるだけだ。その数は、延べで都が12名、国が11名にのぼる。

一方の原告にとってはつらい時間が続く。証拠書類隠蔽の壁、長期間にわたる弁論準備……。証人尋問の実現が難しい中で、一般人である原告の経済状況・社会環境は悪化し、精神的に追いつめられ、ときには身体や家庭を破壊され、仕事にも支障をきたす。

長引けば長引くほど、原告の血税が敵のために無駄に遣われるのだ。弁護士間では「原告が死ぬまで長引かせるのが国賠裁判」とも揶揄される。

原告夫妻は、現場で直接の原因をつくった女性警察官２名をはじめ、築地警察署員、検事ら計10名の証人尋問を申請していた。しかし東京地裁民事第10部の増田稔裁判長らは申請を全ては認めずに、二本松夫妻、高橋・渡邊両警察官の４人のみを法廷で尋問することにした。夫妻が強く申請していた目撃者の証人尋問は、４人の尋問を経たうえで再度考えるという含みを持たせたのである。なお、証拠類の新たな提出命令は出さなかった。

こうして、高橋眞知子、渡邊すみ子２人の警察官の証人尋問の日が訪れた。

法廷で弁護士の反対尋問にとまどう警察官たち

袴田事件をはじめ、冤罪事件では事実を隠蔽して、証拠・証言を捏造する恐ろしすぎる日本の警察・検察の姿が少しずつ見えはじめている。取調べの全面可視化も必要だが、裁判の全面可視化もきわめて重要だ。

とりわけ被害を申告した警察官の証言は重要であり、証言内容そのものに加えて、法廷での態度、声の大小、声のトーン、話し方、その場の空気をしっかりと把握することは、真実を明らかにするのに役立ち、司法改革にも貢献するだろう。

２０１３年11月29日、事件から６年が経ち、訴訟提起から４年が過ぎたこの日、ついに事件に関わった２名の女性警察官の証人尋問が行なわれた。

午前10時半すぎ、柔道家のようながっしりした身体に濃いグレーのパンツスーツ姿の高橋眞知子証人（事件当時・築地警察署交通課所属）が証言台に立ち「良心に従って真実を述べ、何事も隠さず、偽りを述べないことを誓います」と宣誓した。

傍聴席から見える彼女の背中には緊張が現れていたが、被告側代理人からの主尋問では、原稿を読むかのようにてきぱきと答える。しかし、原告代理人からの反対尋問が進むにつれて、堅固な建造物が少しずつ解体されるかのように沈黙が多くなっていく様子が印象的だった。

原告夫妻の代理人・今泉義竜弁護士が、高橋巡査に仕事歴や仕事の内容など、ごく基本的な質問をし、いよいよ事件そのものについての尋問が始まった。

謎①　警察官だけが「運転席に人はいなかった」と証言

高橋が二本松夫妻の車を発見したとき、車後部の外に女性（月恵）が立っていたと供述している。事件の発端であり、運転手が乗っていれば駐車禁止場所での「停車」ということになり、通常「注意」も行われないだろう。巡査らが適正な公務執行中であったのか否かの最初の重要な場面である。

目撃者・小川、須永の証言では、２人の警察官が駐車禁止場所に一時停車して運転席にいる月恵と一切言葉を交わすことなく通りすぎて行ったのだが、高橋、渡邊両警察官の証言では、車は駐停車禁止場所にあり、女性（月恵）はその車の後ろに立っていたので、渡邊が移動警告を発した、と真っ向から対立していた。

今泉　本件車両を発見当時、誰も乗ってなかったということなんですか。

高橋　車の中には誰もいませんでした。

今泉　実際には乗ってたんじゃないですか。

高橋　乗っていません。

今泉　あなたの記憶違いではありませんか。

高橋　記憶違いではありません。

今泉　目撃者は多数いるんですけれども、それでもその証言を維持しますか。

高橋　はい。

今泉　月恵さんが車に乗っていたという目撃者しかいないんだけれども、それはあなたの記憶が間違っているからじゃないの。

高橋　いいえ。

今泉　仮に車の中に運転手がいた場合は、取締りをしませんでしたか。

高橋　ですから、（被告側の指定代理人の主尋問に答えて）先程も言ったように、その場所から速やかに移動してくれれば、取締りの対象とはならずに、切符告知をするということを言いませんでした。

高橋の証言で分かるとおり、築地市場出入口近くのこの辺りは普通なら次のような展開になっていたはずだ。

警察官「ここは、駐車禁止場所だから、仕入れが終わったらなるべく早く移動して下さいね」。

ドライバー「はい、分かりました。主人がすぐ仕入れから戻ってきますので、すぐ移動します」。

全ては丸く収まり、逮捕されて19日間も〝監禁〟されることもなく、国家賠償請求訴訟がこの時点で7年以上も続くことなど、あり得なかったのである。

しかし、「目撃者は多数いるんですけれども、それでもその証言を維持しますか」という今泉の問いに対して、高橋は「はい」と答えた。間違いなく運転者は乗車しておらず、駐停車禁止場所に長く放置駐車されていた、という強い主張だ。

一方の二本松夫妻の主張と4人の目撃者の証言では、女性が運転席でいつでも発車できる状態だった。運転席に運転手が乗っていてエンジンをかけて出発しようとしていたとなれば、交通違反取締りをしようとした話が成立しなくなる。

今泉　あなたが気づいたときは、（現場図面を示しながら月恵が車の後方の路上）ここに立っていたんですか。

高橋　はい、そうです。

今泉　女性は何をしていたんですか。

高橋　何をしている様子もなく、その車を見ているというような感じだったと思います。

（中略）

今泉　車のトランクを見てたんですか。

高橋　後側にいましたから。

今泉　ぼーっと、立っていたんですか。

高橋　ぼーっと、という表現ではないと思いますが。

今泉　どんな感じで立ってたんですか。なにか捜し物をしていたり、キョロキョロしたりしてたんですか。覚えてないですか。

高橋　……表現の仕方が分かりません。

今泉　覚えていないということ？

高橋　覚えていますが、表現の仕方が分かりません。

今泉　あなたは、員面調書（築地署による調べに対して答えた供述調書）で、「女性が車両に近づいてきた」という供述をしていますが、その供述と今の話は矛盾しませんか。

高橋　しないと思います。

今泉　どうして？　あなたが見たときは、すでに立っていたんでしょう？

高橋　立っているという、座っていたのと違うという意味ですから。

今泉　「近づいてきた」というのと、すでにあなたが見たとき「立っていた」というのは違うんじゃないですか。同じと言うんですか。

高橋　同じだと思います。立っていて、私たち警察官を見て、近づいてきたんですから。

事件当時朝8時ごろに、制服姿の2人の女性警官が、よく目立つ深い緑色のBMWに近づいたときに「運転席に女性が座っていた」という目撃者は2人（小川、須永）いる。トラブルを知って近くまで寄ってきて注視した坂本、久郷も女性が運転席に座っていたと、はっきり証言している。

また4名の目撃証言者全員が「男の人（進）は一度も運転席に乗っていなかった」とも断言しているのだ。

謎②　移動警告に従い女性は「20センチだけ」移動させた？

2人の警察官は二本松夫妻の車を一旦通り過ぎて、後の放置車を覗いていたようだ。2人の警察官のうち1人（高橋）が戻って近づこうとする気配を感じた月恵は、顔を合わせたくなかったのでエンジンをかけて離れようと徐行した。目撃者によれば一車両以上の距離を前方に移動したという。しかし高橋は、移動命令を出すと「エンジンをかけて20～30センチ前に出て、またすぐ停まってしまいました」と主尋問に答えている。

今泉　20～30センチ移動したと先ほどおっしゃいましたね。

高橋　はい。

今泉　20～30センチという根拠は何ですか。

高橋　ほんのちょっと、ちょっと動かしただけで停まってしまいました。

今泉　20～30センチというのは、感覚的にそう言っているということですか。

高橋　はい、そうです。

今泉　ちょっとというのは、１メートルだって、ちょっとかもしれないけど。

高橋　いいえ。

今泉　本当は、もっと動いてるんじゃないの？

高橋　動いてません。

今泉　20センチ動かすって相当技術が要ると思うんですけど、どうですか？

高橋　……。

今泉　20センチだけ車を動かすというのは、むしろ非常に大変ではないですか。

高橋　そうでしょうか。

今泉　そんな技術のある人はいますか。

高橋　……。

謎③　警察官の移動命令の有無と携帯電話をかけた場所

その場を離れようと徐行していた月恵が動き出したがいったん停止し、携帯電話をかけたこと自体は認めるも、高橋は次のような証言をしている。

今泉　月恵さんは、車から降りずに電話をかけたんですか。

高橋　はい。

今泉　車の中で。

高橋　はい。

今泉　被告「国」の準備書面では「車両を降りて電話をかけた」という記載があるんですが、これは間違っているんですか。

高橋　……。

今泉　国がそういう主張をしているのを知りませんか。

高橋　はい、分かりません。

今泉　あなたは、国からも取調べというか質問されて、この裁判に臨んでるんじゃないの？

高橋　……。

今泉　国からもいろいろ事情を聞かれて、準備書面作る際にいろいろ聞かれたりして答えてるんじゃないですか。違う？

高橋　その質問では、ちょっと分かりません。

「車両を降りて電話をかけた」と言ったり、「車の中で電話をかけた」と言ったり、高橋の証言が変遷している。さらにここで、移動命令を再度出したという内容がでてくる。２回も移動命令を出したのに従わなかった月恵に「悪い印象」を与えようとの意図が見える。月恵は、一貫して移動命令など全くされておらず、自主的に離れようと判断して動き出し、一時停車したと言っている。

今泉　動かさないから再度移動命令をしたというのが、今の記憶ですか。

高橋　はい、そうです。

今泉　2回目ということですか。

高橋　はい。

今泉　あなたは陳述書とか検面調書（検事の調べに答えた供述調書）では2回目の移動命令をしたと言っていないんですけど、それは何でですか。

高橋　警察官として当然の行為だったので、そこで言わなかったんだと思います。

今泉　乙5号証（高橋の陳述書）と甲14号証（高橋の検面供述調書）というのがあるんですが、比較的最近というか、事件から後になったときの供述調書には再度移動命令をしたということが書いてない。それより前の供述調書には、移動命令を再度したということを言ってたりするんですけど、それは何でそう変わるんですか。どっちが正しいの？　本当は移動命令なんて出してないんじゃないですか。だから、そういう変遷をするんじゃないですか。

高橋　移動命令は出しています。

今泉　じゃ、なんでそれを陳述書とか検察官の取調べで言わなかったの？

高橋　分かりません。

今泉　あなたは移動命令を出したとして、この時点では、まだ切符告知、切符を切るという判断はしていないんですよね。この時点では。

高橋　いえ。

今泉　2回目の移動命令をしても、それに従えば切符を切らないんでしょう？

高橋　……。

今泉　さっきの話だと、2、3回言っても従わなければ切符を切るという話でしたよね。そのまま動いていただければ。

高橋　だから、そのまま移動すれば切符を切るような事案ではなかったんですよね。

今泉　……。

謎④　眼が悪く運転しない進が事件現場に車を停めた？

今泉　先ほど、誰が（事件が起きた場所に車を）停めたかについて質問して、月恵さんが「主人が止めていった、と答えた」と証言されましたね。

高橋　はい。

今泉　あなた、今日初めてそういうことを言ってませんか。これまでそういうことを供述調書なり陳述書で言ったことがありませんね。

高橋　そうでしたか。

今泉　そうですけど。何で今日になって初めてそういうことを言うんですか。それは嘘なんじゃないですか。

高橋　嘘ではありません。

今泉　じゃ、何でこれまで言わなかったの。

高橋　……分かりません。

2人の警察官は、実際には目の前で女性（月恵）が運転し移動したのを現認していることがポイントである。仮に駐停車違反があったとしても、警察官が現認した月恵の駐停車違反になるはずであり、それ以前に誰が現場まで運転してきたかは事件にまったく関係ない。

高橋巡査は反対尋問に言葉を詰まらせ、尋問が進むにつれて沈黙が多くなって途方に暮れる様子が筆者の脳裏に焼き付いている。

謎⑤　供述の変遷で「暴行の態様」が分からない

公務執行妨害罪を形成する要件は２つあり、適正な公務執行下であること、公務執行中（執行しょうとしているとき）に暴行または脅迫を加えることなどである。

進は、糖尿病関係で目を悪くし手術をしたことがあり、事件が起きた5年ほど前から全く運転を止め、次の免許更新はしないつもりでいた。当日も、妻の運転で築地市場までき
て、路上に停めたのも妻で、しかも警察官２人の目の前で離れようとエンジンかけて運転したのも妻であるから、高橋らが運転者ではない進に「免許証出せッ！」と切符ケースを突き付けて迫った行為は、適正な公務執行ではあり得ない。

また、公務執行妨害罪の２つ目の要件であり、裁判の最大の争点であったのは、進が高橋に暴力を振るったか否かであった。もし暴力を振るっていなかったら公務執行妨害罪などは全く成り立たないし、虚偽の緊急通報をしたことになる。この点こそが徹底的に問われなければならない。

暴行については、まず被告都の指定代理人・菊池和彦が質問した。このとき菊池和彦が高橋に見せていた証拠文書は、「再現実施結果報告書」（事件から6年後の13年9月20日付）

で、築地市場の現場ではなく警視庁池袋署付近の路上で同年8月1日に再現したとして写真30枚に収めたものである。

菊池　男性（進）は証人（高橋）に詰めよってきてから、どうしましたか。

高橋　両腕を曲げて、肘で交互に私の胸のほうに突いてきました。

「再現実施結果報告書」の写真によれば、げんこつを胸の前あたりで合わせて両肘を張り、上半身を大きく旋回させて左右の肘で男性が警察官の胸付近を打っている様子が写されている。

菊池　何回くらい突いてきましたか。

高橋　2～3回、最初突いてきました。

菊池　男性の肘が証人に直接当たったのですか。

〔当初被告らは、「胸に直接強く当たった」という趣旨を主張していた。〕

高橋　私は、もう咄嗟に胸に当たってはいけないと思い、持っていたカバンで胸を覆いました。

菊池　男性の肘が、持っていたバッグに当たったんですか。

高橋　はい、腕とカバンに当たってしまいました。

菊池　その、当たって証人に衝撃が加わったのですか。

高橋　はい。強い衝撃を受け、後ろのほうに後ずさりしてしまいました。

菊池　同じ場所に立っていることができなかったということですね。

高橋　はい、そうです。

（写真を見せる）

菊池　この暴行を受けて、証人は何をしましたか。

高橋　とっさに危険を感じたので、無線に付いている緊急ボタンを押しました。

（中略）

菊池　証人は、緊急ボタンを押した際、男性に対して何か言いましたか。

高橋　止めてください、と言いました。

菊池　証人から止めてくださいと言われた男性は、どうしましたか。

高橋　止めてくださいと何度も言ってるんですが、また同じように肘を曲げて私の胸のほうに交互に4～5回突いてきました。

進が高橋に暴行を加え、危機を感じた高橋が緊急通報する重大な場面だ。この点について反対尋問で今泉が追及した。

今泉　進さんが行なったという暴行をあなたは言ってるわけですけれども、その暴行態様を一言で表現するとすれば、どんな表現になりますか。

高橋　腕のくるぶしで胸を突いたという感じです。

今泉　暴行態様を一言で言うとすればということで、くるぶしという言い方をしましたが。もう一度、ちょっと言ってもらえますか。

高橋　訂正いたします。肘です。

今泉　暴行態様について一言で表現するとすれば、どんな表現になりますか。

高橋　腕を曲げて、肘のところで胸を突いてきたということです。

今泉　あなたは事件当時、そういう表現の仕方をしていないんじゃないですか。

高橋　そうですか。

事件発生日である２００7年10月11日午前9時50分から午前10時45分まで行われた実況見分には高橋も立ち会っている。その実況見分調書（文書のみ。写真は被告らが隠蔽したまま）を今泉が示した。

今泉　「立会人（高橋）が被疑者に腕で突き飛ばされた地点」と書いてありますね。ここ、現場の状況の2番のところですけれども、「被疑者に腕で突き飛ばされた」という表現になっていますね。

高橋　はい。

今泉　これはあなたがこういう表現をしたから、こういう記載になってるんでしょう？

高橋　腕で突き飛ばされたわけです。腕のところで突き飛ばされたんですから。

今泉　あなた、当初こういう、腕で突き飛ばされたと言ってたんでしょう。事件直後です。はいか、いいえか。そう言ってたんじゃないんですか。

高橋　身体全体ということではなく、腕ということです。

今泉　だから、そう言っていたんでしょう？　最初は、「腕で突き飛ばされた」と言ってたんでしょう。違いますか。だから、こういう記載になってるんじゃないですか。

高橋　その書き方は私には分かりません。

今泉　あなたが立会人としてこの実況見分調書を作っているわけだから、あなたもこれを当時読んでいるわけでしょう。

高橋　はい。

今泉　先ほど言った「肘で突く」というような表現とかなり違うと思いませんか。

高橋　違わないと思います。

今泉　あなたは供述調書を作るときになって、進さんの暴行の態様を考え出したんじゃないですか。

高橋　いいえ

今泉　じゃ、なんで最初からそういう（両肘で交互に突く）暴行の態様で実況見分調書に書かれてないの。

高橋　……分かりません。

謎⑥　いつ緊急ボタンを押したのか？

この事件の肝である暴行場面、暴行態様に関して、調書などでそのつど供述が変遷していることが、証人尋問の場でも明らかになった。〝暴行〟を受けた後ではなく、一度暴行を受けて緊急ボタンを押し、その後でさらに2回目の暴行があった、と先ほどの主尋問で高橋は述べている。これについても今泉による反対尋問が行われた。

今泉　緊急ボタンはどのタイミングで押したかについてですが、あなたの言う暴行が3、4回、胸を突かれた後、緊急ボタンを押してその後また暴行を受けたというような時系列でいいですか。

高橋　はい、そうです。

（中略）

今泉　あなたは当日、緊急ボタンを押した後、いつそれを解除しましたか。

高橋　緊急車両が来てから。

今泉　来るまでの間はずっと繋がった状態で、あなたがしゃべったことは全部、署のほうに流れているという状態になるんですか。

高橋　はい、そうです。

今泉　これは、そういう場合は署のほうにどんな記録が残るんですか。

高橋　分かりません。

今泉　メモとか、普通は証拠を保全するんじゃないの。緊急ボタンが押されたような緊急事態であれば。

高橋　私は分かりません。

問題は、いつの時点で緊急ボタンを押したか、だ。暴行の最中か一通りの暴行が終わった後かではだいぶ現場の状況が違うことになる。繰り返すが、被告側の主張に従うと「二本松進が警官に暴行し、暴行を受けた高橋眞知子が緊急対処するために緊急ボタンを押した」ところまでが、事件の核心中の核心である。

そこで起きた事実関係や時系列をうやむやにはできない。人一人が逮捕された事件であるし、まして対応したのは素人ではない〝公務執行中〟の警察官一筋36年のベテランだ。また、時系列が異なれば、事実ではなくなる。

今泉　緊急ボタンの話というのは、出てくるのは後になってからですよね。あなたの10月11日付けの員面調書乙2号証（築地署での供述）では、そういう話は出てきませんよね、緊急ボタンということは。渡邊さんの乙3号証（築地署での渡邊すみ子巡査部長の供述）でもそうですけれども、緊急ボタンの話というのは、検面調書（事件5日後の10月16日付け東京地検での供述）で初めて出てきたんでしょう。違いますか。

高橋　分かりません。

今泉　最初は、緊急ボタンの話はしてないんじゃないですか。

高橋　私が緊急ボタンを押さなければ、警察のほうから応援要請で来るということはないですから。

今泉　あなたは、最初は、全部暴行が終わった後に無線で応援要請したと言っているんじゃないですか。違いますか。

高橋　……。

一連の出来事が進む中で、高橋らが進に切符ケースを突き付けて追い回す場面があった。仮に暴行があったとすればこのとき以外にありえず、この争いの最中に緊急ボタンを押したことになる。ところが実際は、切符ケース突きつけの後に半開きのドア越しに言い争う場面があった。もし高橋が主張するように1回目の暴行と2回目の暴行の間に緊急通報したとしたら、築地署刑事らが現場へ駆けつけるのが異常に遅すぎたことになってしまう。進も月恵も目撃者たちも、半開きのドア越しでの言い争いの後、高橋が車の前で無線通報をしていた様を、この目ではっきりと見ていたと断言している。

謎⑦　どのようにすればドアで右手を挟めるのか？

核心部分がますますあやふやになってきた。両肘で交互に7〜8回も連続で胸を突く暴行をメインの暴行とすれば、サブの暴行があることになっている。それは、胸を突く暴行の後に、運転席ドアを進が外側から閉めて高橋の手首をぶつけた、という内容だ。

主尋問で、高橋は次のように証言している。

菊池　その後、男性はどうしましたか。

高橋　男の人は、運転席側のドアのほうに行ってしまいました。

菊池　女性はどうしましたか。

高橋　ドアがもうすでに開いていて、女の人が乗り込もうとしました。

（中略）

菊池　証人は、女性が車に乗り込んでからどうしましたか。

高橋　とっさにドアを閉められて逃走されてはいけないと思い、ドアの間に立ちふさがりました。

菊池　立ちふさがった後どうなりましたか。

高橋　立ちふさがると、男の人が急にドアを閉めてきました。

菊池　男の人がドアを閉めてきてどうなりましたか。

高橋　危ないと思い、右腕のくるぶし辺りをドアの付近で押さえたんですよね。

菊池　証人が、危ないと思って、とっさに右手を出したということですね。

高橋　はい、そうです。

菊池　そこにドアが閉まってきたと。

高橋　はい。

菊池　その閉まってきたドアは、証人のどこに当たったんですか。

高橋　くるぶし辺りに当たってしまいました。

菊池　車両のドアが、証人の右手首、右腕のところに当たったということですね。

高橋　はい。

右の証言によれば、月恵が運転席に乗り、逃走を阻止するために高橋が運転席とドアの間に入り込んだ。そこを進が外側からドアを閉めて高橋の右手首を負傷させたということである。

では、「ドア越しの攻防」について反対尋問に移る。

今泉弁護士は、被告らが作成した再現実施結果報告書を示した。そのうちの15頁写真2—②（進がドアの外側に立ち、高橋はその進の背後に立っている）と写真2—③（高橋がドアの内側に入っている）についての尋問である。

今泉　写真2—②から写真2—③にかけて、あなたが移動していますね。あなたが車の運転席ドアの内側に入る移動をしていますよね。

高橋　はい。

今泉　これは、進さんを押しのけて中に入ったということですか。

高橋　いえ、押しのけません。

今泉　押しのけないと進さんが邪魔になって入れないんじゃないですか。

高橋　邪魔になりません。ドアが開いていましたので。

今泉　ドアが開いてたので、進さんはドアの外側にいたので、あなたはすんなりと入れたと。

高橋　はい、そうです。

今泉　これはあなたの員面調書ですけど、６ページ３行目、「その時その車の運転席側のドアが開いており、私はその開いたドアの内側に立っていたので」ということが書かれていますけれども、これと今の証言は矛盾しませんか。

高橋　しないと思います。

今泉　今あなた、自分から入り込んだと言ったわけですけれども、この供述調書では、そのときすでに立っていたということになっていますが、これでも矛盾しないと言うんですか。

高橋　入り込んで立っていたわけですから。

謎⑧　二本松夫妻は運転して逃亡を企てたのか？

高橋の主張によれば、ドアを閉められて右手首を負傷したということだが、その後はどうなったか。

今泉　閉められた後、あなたは進さんが運転席に入るのを見たんですか。
高橋　はい。
今泉　入るのを止めなかったということですか。
高橋　止めようとする間もなく入ってしまいました。
今泉　素早く入ったと。
高橋　はい。
今泉　そのとき渡邊さんは何をやってたんですか。ただ見ていたんですか。
高橋　自分のことが精一杯で分かりません。
今泉　月恵さんは、最初運転席に座っていたのが、いつの間にか助手席に移っていたんですよね。

高橋　はい。

今泉　あなたは、移動したところを見ていないんですか。

高橋　外側に出ているのを見ていないので、中で移動してるんだと思います。

今泉　つまりあなたは、この運転席のすぐそばにいて、進さんの動きを見ていましたよね。

高橋　進さん、男の人の動きは、やられてますから見ております。

今泉　そのとき、運転席にいた月恵さんも、当然眼に入るじゃないですか。

高橋　いえ、ドア側を見ていたので中側は見えません。

今泉　月恵さんが（車内で）運転席から助手席に移動したということを言ってるわけですが、それは全然眼に入らなかったんですか。

高橋　移動したその瞬間は見ておりません。

今泉　そんなに近くにいても見てなかったということですね。

高橋　はい。

ドアと運転席の間に立っていたと主張する高橋と月恵との距離は数十センチメートル。しかも逃がすまいと虎視眈々の状況のなかで、仮に車内で月恵が運転席から助手席に移っていたとすれば、全くその気配を感じなかったというのは疑問である。また、周囲は大勢の野次馬が取り囲んで至近距離から事態を見ていた。衆人環視の中で、大人の女性が車内で運転席から助手席にコンソールボックスをまたいで、誰にも気づかれずに移動できたのかという疑問も起きてくる。

今泉　二本松さんたちが車で2メートルくらい移動した、逃走しようとしたというのが、あなたの現在のご記憶ということですか。

高橋　はい、1～2メートル動きました。

今泉　ただ、そのことは、事件直後、あなたは言っていませんね。違いますか。

高橋　……。

今泉　最初からそういう話をしていますか。あなたはしていないんじゃないですか。

高橋　どこを指して……。

今泉　あなたの現行犯人手続書、員面調書ですけど、二本松さん夫婦が車で逃走しようとしたということを一切言っていませんね。

高橋　分かりません。

今泉　そういうふうに供述したというか、供述調書を書かれた記憶がないということですか。

高橋　その供述調書が分かりません。

今泉　これは現行犯人逮捕手続書ですが、３ページ目「逮捕時の状況」の5のところに、車で逃走しようとしたということは一言も書かれていないですね。いいですか。

高橋　……。

今泉　これはあなたの員面調書です。６ページの最後ですが、「被疑者に逮捕することを告げたのですが、女性警察官である私たちだけでは、その被疑者の身柄を拘束し、本署まで連行することは不可能なので、私が署括系無線（緊急ボタン押しとは異なる）で応援を求めたのです」ということで、車で逃走しようとしたという記載がありませんね。これは、あなたが当時、その事を言わなかったからじゃないんですか。最初は言わなかったでしょう。

高橋　状況説明というよりも、逮捕時の説明をしたんだと思います。

今泉　逃走しようとしたかどうかは非常に大事なことだと思いますが、それをなぜ言わなかったんですか。

高橋　……。

今泉　嘘だからじゃないんですか。それは作り話なんじゃないですか。

高橋　作り話ではありません。

今泉　説明できませんか？　なぜ最初言わなかったか。「答えなし」でいいですか？

高橋　……。

謎⑨　5分間の時空ミステリー

このほか、原告と被告の証言の食い違いや、矛盾が沢山あるが、かなり重大だと思うことを最後にひとつあげる。それは、高橋と渡邊が、二本松夫妻の車を現認してから署括系無線もしくは緊急ボタンを押して応援要請するまでに5分間と証言していることである。その5分間で、自分達が行なったという適正な公務執行状況を詳細すぎるほどに証言していることだ。

この点について追及したのは、もうひとりの原告代理人・小部正治弁護士である。

小部　まず、車を現認したのは8時5分であると。

高橋　はい。

小部　それで渡邊さんが告知した。高橋さんが二度目の移動命令をしたのは、それから何分くらいなんですか。

高橋　渡邊チョウさん（渡邊巡査部長）が言った後にすぐに（女性が）車に乗り込んで、ちょっと動かしただけでそのすぐですから。

小部　8時6分ごろなんですか。

高橋　そうですね。何分というような感じではなかったと思いますが。

（中略）

小部　その後、ぐるっと渡邊さんが標識のところに（進を）連れていって帰ってくるまで相当な時間があったんじゃないですか。

高橋　いや、そんなに時間はないと思います。

小部　渡邊さんが標識のところまで行って説明をして帰ってきたのは、どのくらいの時間なんですか。

高橋　いや、同じような……2分……。

小部　あなたの話を前提にしていると、あなたの（主張する）公務執行妨害の時間は合わなくなっちゃうんですよ。そうお考えになったことありませんか。

高橋　……。

小部　あなたのご主張によると、8時10分に暴行を受けたんでしょう？

高橋　5分間ということですよね。

小部　あなたの話の中だと入らないんですよ。

高橋　そうですか？

小部　ご自分でそう思いませんか。

高橋　思いません。

高橋と渡邊が、5分間で起きたと主張する内容を以下に示す。

①警察官2人が車を発見した（8時05分）。月恵は「車の後方に立っていた」。一方では、

「車のほうに歩いてきた」とも供述。

②運転席に入るも初めの移動警告に月恵が抵抗。20センチしか移動しなかったのでしばらく見守ってから再度移動警告。

③月恵が後部座席からカバンを取り、手間取りながら携帯電話を取り出し、1、2分電話で話をした。

④その2～3分後に男が車のところに来た（反対尋問では3～4分と証言）。

⑤帰車するなり、進は拳を上げて喚きながら「後ろの車をやれ、乗用車を差別するな」などと暴言を吐き、高橋の顔に自分の顔を10センチぐらい近づけ文句を言った。警察官2人は何回も夫婦に免許証提示を求めた。

⑥渡邊と進が20メートル以上後方の標識のところへ行き、ここでも争う。

⑦車の傍に戻ると2人の警察官が、運転者ではない進に何回も免許証の提示を求め、進が抗議。

⑧反則切符が入っている黒カバンを突きつけられた進は、後ずさりしてガードレールへ。

⑨進が腕をL字に曲げ、肘で7～8回高橋の胸辺りを突く暴行（この暴行の間の途中かもしくは暴行が止んだあとに緊急ボタンを押した）。

⑩2名の警察官と二本松夫妻の計4人が車近くに固まってしばらく口論。
⑪運転席側ドアの内と外で進と高橋が対峙して再び口論（進はドアの内側と主張、高橋は自分が内側に入ったと主張）。
⑫月恵が運転席から「いつのまにか」助手席に車内で移り、進が運転席に乗り込んで2メートル発進したものの、高橋に阻止され急停車。
⑬渡邊と相談してから高橋が無線で暴行を受けている、と通報。その後約4~5分で何台もの警察車両が臨場。

ここに列挙した出来事は、高橋・渡邊の主張である。そして⑨あたりで、緊急ボタンを押したというが、これらの出来事が5分以内に終わるというのは、あり得ない。このように原告と被告の言い分が大きく食い違い、警察官の証言には数々の疑問がわき上がってきた。

それでも警察・検察の主張が事実であり、正しいと主張するのであれば、被告の東京都と国は、原告らが要請している文書の提出を拒むのを止め、事件に関するすべての証拠書類を裁判所に提出することと、原告側が申請している4人の目撃者を法廷に呼ぶべきだ。

そうすれば、全容が明らかになるのであるが……。

第7章　怒りの目撃者たち——膠着する裁判

警官1人の証言と一般人100人の証言は対等？

迫真の証人尋問から5ヵ月経ってもまだ文書提出命令申立や証人尋問申請は受け入れられず「保留」のままで、審理は思うように進まない。警察官2人の証人尋問が、あやふやで次から次へと謎と疑問が噴出したのだから、第三者である目撃者の証人尋問が必要なはずである。裁判所の決定を待つことなく、筆者は目撃者をたずねることにした。

第1章で詳細を語った小川誠一に筆者が会ったのは、警察官2人の証人尋問から半年後の2014年5月30日のことである。

「ひとつ伺いますが、白バイの事件って知ってますよね？」

築地市場に近いファミリーレストランの窓際の席に座るなり、小川はこう切り出した。突然の質問だったので少し戸惑い、「あの高知の白バイ事故冤罪事件のことですね」とワンテンポ遅れて筆者は答えた。

高知白バイ事件とは２００６年3月、スクールバスが高知市内で暴走白バイに激突され、白バイ運転の警察官が死亡し、スクールバスの運転手が業務上過失致死罪で禁固刑とされた事件だ。高知県警の捏造工作が疑われ、メディアでも大きく取り上げられた。

この事件では、スクールバスに同乗していた25名の生徒や教諭、後ろの乗用車に乗っていた校長など、多くの目撃者が「バスは止まっていた」と証言している。ところが、現場から約80メートル離れた地点で衝突を目撃したという同僚の白バイ隊員は「バスは動いていた」と証言したのだ。そして裁判長は、この警察官の証言を認めたのである。

築地市場事件では、膨大な数の野次馬や目撃者がおり、そのうち、裁判所が決定すれば法廷で証言すると表明した4人の目撃者は、かなり長時間にわたって事件の様子を目撃していたのだが、この小川は、事件が起きる前、最中、逮捕後の現場の様子まで一部始終を目撃していた貴重な人物である。

「築地の事件でも、野次馬がものすごくて、少なく見ても１００人以上。しかも多くの人が至近距離で見ていました。高知白バイ事件では多くの目撃証言が無視されて警官１人の目撃証言だけが採りあげられましたよね。しかも、現場のスリップ痕が後からつけられたのではないかという疑惑も出されました。じゃ、警官１人の証言の重みと同等になるには、一般人が１００人、２００人証言しなきゃならないんでしょうか。この人たち（警察官）が黒いものを白と言ったら白くなっちゃんですか」

築地市場事件では、言い争いになった進が合計7～8回も両肘で警察官の胸辺りを交互に突いたり押して暴行を働いたので、警察官が通報して現行犯逮捕したとされている。しかも、彼が車に乗り込んで逃走を図ろうとした、とまで警察官は主張しているのだ。しかし、進本人は暴行・傷害を全否定しているほか、車を運転してきた妻も、陳述書を提出した目撃者4人全員も、暴行はまったくなかったし、進は運転席にも入っていなかったと証言している。この構図が高知白バイ事件と似ているということだ。

5ヵ月前に実施された、高橋眞知子巡査の証人尋問を聞いて疑問に思ったことを小川に聞いてみた。

まず、高橋が「女性に移動を命じたところ20センチメートルだけしか車を動かさなかった」旨を証言したことについて。

今泉　20〜30センチ移動したと先ほどおっしゃいましたね。

高橋　はい。

今泉　20〜30センチという根拠は何ですか。

高橋　ほんのちょっと、ちょっと動かしただけで止まってしまいました。

今泉　20〜30センチというのは、感覚的にそう言っているということですか。

高橋　はい、そうです。

今泉　ちょっとというのは、１メートルだって、ちょっとかもしれないけど。

高橋　いいえ。

今泉　本当は、もっと動いてるんじゃないの？

高橋　動いてません。

今泉　20センチ動かすって相当技術が要ると思うんですけど、どうですか。

高橋　……。

——調書でも法廷でも、車の移動命令を出したのに奥さんは20センチしか動かさなかったと高橋巡査は証言していますが、小川さんはそれを見ていましたか。

「20センチ？　あり得ないですよ。どこかに基準を合わせて、たとえば電柱かなんかを基準にして少し動いたとか注視しなければ、20センチなんて動いたか動いていないか分かりますか？

私は目の前で見たんですよ。交差点近くのところまで移動したのを。最初に止まっていた位置は柳の木の向こうだったのははっきりしている。最終的に警察がここに止まったと言っている位置（図1のT字路交差点ギリギリの場所）まで動いているということですよ。充分一車両分以上はあります」

小川は、苦笑し呆れ顔だ。さらに話を聴こう。

左手負傷のはずが右手負傷になっていた！

——警察官は、半開きになったドアと運転席の間に立っていて、外側に立っていた二本松さんがドアを閉めたので右手首を負傷したと、ずっと言ってますが。証人尋問ではこう話していました。

今泉　（被告都が作成した「再現実施結果報告書」を見せて）あなたが車の運転席ドアの内側に入るため移動をしていますよね。

高橋　はい。

今泉　これは、進さんを押しのけて中に入ったということですか。

高橋　いえ、押しのけてません。

今泉　押しのけないと進さんが邪魔になって入れないんじゃないですか。

高橋　じゃまになりません。ドアが開いてましたので。

「二本松さんが開いていた運転席ドアの内側に立ち、外側に婦警さんが立って、ドア越しに争う形になっていたんです。少し経って、あきらめた二本松さんは車とドアの間から出てきましたが。

とにかく二本松さんが腕で警察官を突き飛ばしたり、肘で突いたなんてことは全くありません。それは他の見物人たちもみんな見ているはずです」

完全に高橋証言を否定しているが、後日談がある。小川は五島真希検察官に呼ばれて調書をとられており、そのときの話だ。

「その後、検察で話をしたときに、築地警察署では目撃者を把握していないということを聞きました。おかしいでしょ。翌日以降に奥さんが目撃者捜しをして、何人もが名乗り出て陳述書も書いているそうではありませんか。あのときに100人以上はいた目撃者に警察が話を聴いていればよかったんです。また、私以外に何人もの人に聞いていたはずです。

検事に呼ばれ、検事室で尋問を受けた時に、かなり具体的に話しているので、その調書を見てもらえればいいと思います。女性の検事とその補佐役のような男性がいました。驚いたのはまず、ケガをしたという婦警さんの調書に話が及んだとき、左手をケガしたと現場でアピールしていたのに右手を負傷したことに変わっていたことです。

これおかしくないですか？　逆ではないですか？　左手を負傷したと当日に言っていましたよ、と私が話すと、検事さんは少し当惑したような風を見せたのが印象として残っています。

（警察官の供述調書について）負傷した部位が左手から右手になっていることを指摘したら、今度はドアに挟まれたという話になりました」

高橋巡査は、検事への供述調書で次のように述べている。

《私は、逃げられては困ると思い、車が発進できないように開いていたドアと車体の間に、自分の体を入れて前方向を向いて立ち、ドアを閉めさせないようにしました。しかし、それにもかかわらず、ドア付近に立っていた男性が、急にドアを閉めようとしたので、私は、とっさに右手で閉まってくるドアを抑え、ドアが閉まるのを阻止しました。当然、閉まってきたドアのドア枠に私の右手首の小指側に強く当たり、強い痛みを感じました。》

手首を挟まれたと主張するには、ドアの内側に立っていないと不可能となる。仮にそうだとしても、二本松の車のドアには、負傷防止のためにクッション性の強いパッキンが施されている。

「挟まれたってどこに？　どうやって右手を挟まれたのか？　挟みようがないです。ここに運転席があります。被疑者っていうんですか？　被疑者が運転席に入ろうとして運転席ドアと運転席の中間に立っていて、乗ってもいないのにドア閉まりますか。

二本松さんは運転席に座っておらず、ドアと運転席の間に立っていたこと、だから警察官が手を挟まれることはありえないと私は証言しました。それに対して、検事さんは『そうですか』と言ったきりです」

運転しない二本松進が車で逃走をはかった？

事件当初、高橋は進が車に乗って逃走したとはひと言も供述していなかった。ところが後になって、進が車に乗って発進し、2メートル逃走したところを身体を張って阻止したことになっている。

今泉　二本松さんたちが車で2メートルくらい移動した、逃走しようとしたというのが、あなたの現在のご記憶ということですか。

高橋　はい、1～2メートル動きました。

今泉　ただ、そのことは、事件直後、あなたは言っていませんね。違いますか（事件当日の供述調書、員面調書及び現行犯逮捕手続書に全く記載なし）。

高橋　……。

「二本松さんは、まったく車に乗っていません。また、現場で刑事の人に自分が見たことを証言したという話も検事さんにはしました。すると、その場で検事さんは築地署に電話を入れましたが『築地署はいくら催促しても証言を全くあげてこないので困っているのよ』などと話していたことを覚えています。

これもおかしくないですか。あれだけ多くの人が見ていて、私もいて、警察は目撃者が見つからなかったというのはおかしい。素人の奥さんが翌日以降に目撃者を捜して何人も見つかっているじゃありませんか。「目撃者を捜しています」という看板も出ていませんでした。普通だったら『いついつこういう事件がありました、目撃者は連絡してください』と掲示するんじゃないですか。警察は何を隠そうとしているんでしょうか。

あれだけ大勢が目撃しているので、テレビ関係の人に話して放映してもらえれば、すぐに目撃証人は集まると思います。そうしようかなと思います、と言ったら検事さんは、『それはちょっと待ってください』というようなことを言ってました。

私の話を聴いて作成した調書を読み聞かされましたが、はっきり話していることをぼかすような、濁しているような感じで書かれていたので、『もっとはっきり書いてほしい』

と要望し訂正してもらった箇所もあります。ともかく、私から聴取した調書を見せてもらいたいと思います。調書を隠蔽して本人に見せないということは、検事が何か後で細工をしたようなことがなければあり得ないんじゃないですか」

検察で聴取されたときの彼の供述調書は、原告の再三の要請にもかかわらず、最後まで隠蔽されたままだった。以上が、警察官の証人尋問の結果を踏まえて語った目撃者の話である。インタビューも終わりかかるころ、彼はこう言った。

「もし法廷で証言するなら、裁判所に聞いてみたいことがあります。私の証言が認められず、警察官の証言が正しいとされたら、私はウソつきになるのですか？」

他の目撃者たちも同様の証言だ。坂本政幸は高橋らの証人尋問を傍聴していたが、実際に自分が見た事実とまったく違うことを警察官が述べているのを目の当たりにして「あんなに堂々と嘘がつけるもんですかね」と驚きを隠さなかった。

実は、一番詳細に目撃した小川をはじめ、名乗り出た目撃者4人は、法廷における尋問記録を原告側から見せられていたので、高橋・渡邊の両警察官がどのような証言をしたかを把握している。加えて、裁判が佳境に入った13年8月1日に被告都が池袋警察署付近の路上で実施した「再現実施結果報告書」（同年9月20日付）、「現場見取り図作成報告書」（13

年８月６日付）も見ている。この報告書には30枚の写真が添付され、一枚一枚説明書きが記入されている。

それを見た目撃者４人は驚き、呆れ、怒った。そして警察が提出した報告書類のどこが、どの写真が、どのように間違いか、そして最初から最後まで自分たちが見た事実と警察の報告書類が異なることを指摘した二度目の陳述書を裁判所に提出した。つまり、目撃者４人の陳述書は合計８通に上る。

裁判で原告と被告の主張が対立するのは当たり前なのだから、利害関係のない第三者である目撃者を最低でも１人は法廷に呼んで証言させれば、真実に迫れるのではないだろうか。

現場写真など重要証拠類は隠蔽されたまま！

２００９年10月29日に提訴してから４人（二本松進・月恵・高橋眞知子・渡邊すみ子）の証人尋問を終えるまでの４年１ヵ月の間で、誰もが傍聴できる法廷での口頭弁論は11回。それに対し、一般の人が目に触れることがない弁論準備が20回も開かれている。

弁論準備とは、原告・被告・裁判官が裁判所の狭い会議室や事務室などで協議することである。つまり公開性が低い。法廷での公開の口頭弁論が少なかったのは、警察・検察が捜査で収集した記録類を出さないため、原告側が裁判所に文書提出命令の申し立てを何度もしてきたので、その扱いに途方もない時間がかかったからである。

裁判所に提出されていない重要証拠はたくさんあるが、たとえば、①事件当日の事件指揮簿と総括捜査報告書、②高橋巡査の第1回及び第2回実況見分時の写真・ビデオ、③進立会いの実況見分調書、④五島真希検察官作成の目撃者・小川誠一及び月恵の供述調書、⑤進の弁解録取書、自白調書、⑥不起訴裁定書、などである。

証拠が少ない中で行われた証人尋問で、二本松夫妻と高橋・渡邊の主張が完全に食い違い、数々の矛盾点があぶり出されたわけである。それゆえ、第三者の目撃証言が絶対に必要な状況になっていたのだ。しかし増田稔裁判長は、原告側からの文書提出命令の申し立てを保留し、まず二本松夫妻と警官2名の尋問を実施、そのあとに文書提出命令申立てにより原告側が要求している捜査記録の開示と人証調べの判断をすることになっていた。

はっきり言ってしまうと、4人が法廷で証言すれば、進が暴行などしておらず、警察官2人の証言を完全否定する証言をしてしまうことになる。

しかし、証人尋問を行い、原告と被告の主張の矛盾点を理解しているはずの増田稔裁判長は、二本松夫妻の証人尋問（２０１３年12月11日）終了直後に異動で担当をはずれてしまった。後任は松村徹裁判長である。明けて14年から実質的に松村裁判長の担当となった。

3月7日、傍聴人が自由に見られる法廷ではなく、原告・被告・裁判官が事務室で集まる非公開の弁論準備が行なわれた。ここでは双方の主張が出され、次の5月23日の弁論準備で協議する予定になっていたのである。

その5月23日の弁論準備で松村徹裁判長は、「証人の採否及び文書提出命令申立てについての判断は、大事なことなので次回の弁論期日に伝えたい」と述べるだけでこの日は内容についてまったく言及せずに、公開の法廷で実施する弁論期日を7月4日と決めた。

なぜ目撃者の証人尋問を認めないのか。裁判官忌避へ！

２０１４年7月4日、東京地方裁判所第７０９号法廷は、諦めとも怒りともつかないため息が傍聴席から洩れた。

「記録を検討した結果、事実関係について判断できる状態だと思います」

このひと言で、結審（審理終結）かと思い、傍聴席からため息がもれたのだ。人事異動によりその年の1月から審理の担当になった松村徹裁判長は冒頭で、目撃者4人、進を取り調べた警察官、勾留請求した検察官、勾留決定した裁判官を法廷に呼んで尋問する請求を全て却下したのである。

二本松らの代理人・小部正治弁護士は松村裁判長に問いただした。

「昨年の証人尋問では、原告の2人と警察官2人の証言が真っ向から対立し、どの部分に食い違いがあるかもはっきりしています。本件の場合は少なくとも50人の目撃者がおり、そのうち4人は初期の段階で陳述書を提出し、証言に応じることを明らかにしています。目撃者の取調べなくして真実に接近することはできません」

裁判長　事実関係について判断できる状態です。

小部　その理由を述べてください。

裁判長　……。

もうひとりの代理人・今泉義竜弁護士も声をあげた。

「裁判長、理由を述べてください」

裁判長　理由は話しました。

小部　新しく就任した裁判長と右陪席（裁判長の右側に座る裁判官）は、警察官の法廷での証言、原告２人の証人尋問を直接聞いてないでしょう。そのうえ目撃者の話しも聞かず、どうやって判断するんですか。

今泉　裁判官３名を忌避します。

裁判長の顔は青ざめ、傍聴席がざわめく。

裁判長　そうなると審理は止まることになりますが……。

小部　はい、けっこうです。近日中に裁判官忌避の申立書を提出します。

松村徹裁判長は、進を勾留したあとの膨大な捜査資料の文書提出命令の判断も行わなかった。結局は、重要な証拠書類の多くも開示されず、利害関係のない４人の目撃者をはじめ、申請していた10人の人証申請（証人尋問申請）を全て却下して判断する、判断できるというのである。

二本松らと弁護士2人は、事件直後の写真撮影報告書、進の供述調書など基本文書をはじめ、審理に必要不可欠の文書類の提出を粘り強く、というよりも延々と「文書を出せ」と求めてきた。それでも警察・検察にとって一番有利なはずの進の自白調書などの基本文書も出さず、最低限の文書だけで、かろうじてここまで審理を進めてきたのだ。

①事実を把握した裁判長を含む裁判官を異動で交代させる。
②警察・検察の証拠書類の隠蔽を許す（文書提出命令申立を却下）。
③証人の口を塞ぐ（証人尋問申請を却下）。

この3点セットを裁判所に使われると、証拠に基づく公正な裁判は成りたたなくなる。しかしながら、一般人には理解できない理不尽なことが日本の裁判所では起きている。裁判所が裁判のサボタージュ宣言をしたようなもので、まさに〝絶望の裁判所〟を目の当たりにした思いだ。傍聴席からは「なぜ公正な裁判を行わないのか」等の声が飛び交うなか、松村徹裁判長は左右陪席の裁判官が書類を片付ける間もなく、無言で足早に退席してしまった。

裁判官忌避とは、民事訴訟法第24条に規定されている。

《裁判官について裁判の公正を妨げるべき事情があるときは、当事者は、その裁判官を忌避することができる。》

裁判官忌避の申し立ては、裁判所の他の部署が審査し、拒否されたとき申立人は高等裁判所に即時抗告でき、それでも却下されたら最高裁に特別抗告できる制度だ。

二本松らは7月7日付で裁判官忌避申立書を提出したが、東京地裁民事第45部は8月8日に却下した。法手続き上は即時抗告もできるが、二本松は別の手段をとった。

それは、民事訴訟法第249条3項に規定されている「尋問の申出」である。

民事訴訟法249条

1、判決は、その基本となる口頭弁論に関与した裁判官がする。

2、裁判官が代わった場合には、当事者は、従前の口頭弁論の結果を陳述しなければならない。

3、単独の裁判官が代わった場合又は合議体の裁判官の過半数が代わった場合において、その前に尋問をした証人について、当事者が更に尋問の申出をしたときは、裁判所は、その尋問をしなければならない。

つまり、3人の裁判官のうち2人が代わり、1人しか直接証人尋問を聴いていないので、「その前に尋問した証人」すなわち高橋眞知子と渡邊すみ子の2人の警察官、二本松夫妻の再尋問を申し出れば、裁判所は尋問を実施しなければならない、ということである。

一連の築地警察署犯罪を告訴

裁判官忌避の申し立てを却下された二本松進は8月25日、ついに築地署の櫻榮茂樹署長ら6名を東京地検に告訴した。

被告訴人は、高橋眞知子、渡邊すみ子（以上、現場の警察官）、中島有侍、前橋淳一（以上、取調べ担当）、小島修平（文書等作成）、櫻榮茂樹（築地警察署長）ら6名の警察官としての虚偽公文書作成・行使等は明らかに不正だとして、以前から告訴の準備はしていたが、進行中の国賠訴訟で、証拠に基づく公正な審理と判決は望めない可能性があると二本松が判断したからである。

告訴状の要点は次のとおり。

まず、進が公務執行妨害罪を犯した事実がないのに「暴行を受けています」と高橋眞知子巡査が虚偽告訴をしたことは、虚偽告訴罪（刑法第１７２条）に当たる。

さらに（高橋・渡邊が）、虚偽通報を受けて駆け付けた警察官に問答無用に後ろ手に手錠をはめてパトカーに押し込めさせたことは特別公務員職権濫用罪（刑法第１９４条）に当たる。

進を逮捕した築地署の警察官らは、暴行行為がなかったことを現行犯逮捕後の初期捜査や実況見分で認識をしていたにもかかわらず、内容虚偽の実況見分調書、被害状況写真報告書、現行犯人逮捕手続書、高橋及び渡邊の供述調書を作成して検察庁に送致したことは、虚偽公文書作成罪（刑法第１５６条）・偽造公文書行使罪（刑法第１５８条）に当たる。

以上が告訴状の概要である。とくに取調べ官たちが「暴行行為がなかったことを認識」していたはずだと、進はあらためて強調する。

「まず、事件直後の現場検証で収集した現場写真と目撃証言を全て隠していることです。虚偽通報した高橋、渡邊両警察官は車の移動警告をしたと言い張っているのですが、その移動警告に従った家内が20センチしか動かさなかったなどという非合理的なストーリーを作り上げています。肝心の暴行の様子についても、供述をころころ変えており、6通りの暴行態様を裁判所に示しているのですからあきれます。本来、どのような暴行か＝暴行態様は1つのはずじゃありませんか。

取調官がはっきりと暴行行為がなかったことを認識した根拠は、時間の問題です。実際に交通警察官2人が我々の車を現認してから緊急ボタンで通報するまで5分間と主張しているにも拘らず、20分間はないとてもできない出来事を2人は供述しているからです」

進が強調する〝時空ミステリー〟については、第7章の証人尋問の様子を思い起こしてほしい。警察官が主張している内容は、映画やテレビドラマにおいて、5分間の尺に30分番組のシナリオを無理やり押し込んだのと同じ。3倍速の高速映像でも5分間の尺に収まらないのである（197〜198頁参照）。

この刑事告訴の意義は、現場の警察官の明らかに非合理で無理な供述を分かっていながら各種文書を作成し、無実の一般人を犯罪者に仕立て上げようとした築地警察署の刑事らを対象としていることだ。トカゲの尻尾きりは許さないという姿勢である。そして、自ら提起した国家賠償請求訴訟を進めるとともに、日本の裁判の信頼性が根底から破壊されようとしている実態を世に訴えたいという思いからの刑事告訴であった。

だが、東京地検は一切の捜査を行うことなく不起訴の判断を下したのだ。この国には、警察、検察の犯罪行為を捜査、検証して解明する機関は、現実に存在しない、ということを二本松夫妻は痛感したという。

第8章　苦い勝利——一般人が警察に勝った！

危機一髪で、審理終結を阻止

国や東京都を相手取った裁判を起こした夫婦の道は、予想をはるかに超える険しさだった。毎日の寿司店営業だけでも大変だったし、事件がもとで心身に支障をきたした月恵は、重度の鬱病を発症してしまった。何をしても事件や裁判のことが頭から離れない。自動車や警察に絡む悪夢を時々見てはうなされる夜を送っていた。

夫の進にしても、法律に関する勉強、裁判所に提出する膨大な文書の作成、と睡眠時間の確保すら難しい日々を送っていた。進も、ときどき人に追われたりする夢を見てうなされていたという。

彼らの目の前には、理不尽で高い壁が立ちはだかっていた。目撃者の証人尋問申請も却下された中で、残されたチャンスとして、警察官２人の再尋問を申請した。

わずかな望みをかけて、２人は２０１５年を迎えた。事件から足掛け8年目である。前年4月段階で、左陪席を除いて２人の裁判官が交代したため、もう一度証人尋問を実施するように二本松夫妻は要求しており、２０１５年２月20日に裁判所は決定を出すことになっていた。

法廷の廊下の壁には、その日行われる裁判の事件名と当事者名、そして裁判官と書記官の氏名が掲示されている。朝10時すぎ、二本松夫妻が法廷に行ってその掲示板を見ると、左陪席の裁判官が代わっていたのである。これでは担当する3人の裁判官全員が、２０１3年11月から12月にかけて行われた証人尋問の場に居合わせなかったことになる。このまま進行すれば、３人の裁判官全員が、警察官２人の顔も見ることなく、証人尋問をリアルに聴取しないまま結論を下すことになってしまう。

開廷すると裁判長は、事務処理的に次回の期日を日程に入れようとした。結審（審理の終結）しようという意図が明らかだった。間髪を入れず、小部正治弁護士が立ち上がり大きな声で述べた。

「待ってください。次回の期日は入れられません。今日法廷に来てみて初めて左陪席の裁判官が代わっていることを知りました。これで、裁判官3人全員が証人らの法廷における証言を聴かずに結審することになり、それは直接主義の法的視点からも許されません！」

その瞬間、法廷には緊張が走った。前年の7月4日に「3人の裁判官を忌避します!!」と小部・今泉の両弁護士が叫んだ場面が再びよみがえったからである。

よりによって原告が求めた再尋問を採用するか否かを決定する日に、3人のうち、ただ1人証人尋問の場に居合わせていた左陪席すらも代わってしまったことが明らかになったのだ。左陪席とは、裁判長の左に位置する裁判官で、地方裁判所の合議体（3人の裁判官で構成されること）においては、判決文を起案するために最もよく事案の研究や問題点を検討すると言われている。

3人全員が証人尋問にまったく関与せずに、審理を終結させていいのか。1月には裁判官が交代していたにもかかわらず、裁判所は原告にも原告代理人弁護士にも何の連絡もしていなかった。もし分かっていれば、それなりの準備もできるにもかかわらず。

両弁護士の強い態度を受けて3人の裁判官がいったん法廷を後にして協議することにな

った。数分後に再び裁判官は法廷に姿を現し、裁判長が「意見を伺うことにしたい」と、審理を継続し原告側から補充意見書を提出することになった。

しかし、その次に実施された4月17日の口頭弁論でも、警察官や目撃者らの証人尋問は却下され、二本松夫妻のみ再度の尋問を9月30日に行う決定がなされた。

再尋問では、基本的にはこれまで述べてきた事実を二本松進・二本松月恵の両名が述べた。そして12月4日は、最終弁論を行ない審理は終わり、翌２０１６年３月18日の判決言い渡しを待つのみになった。

「やるべきことはやった。これで事実が認められなければ日本にはまともな司法が無いことになる」

偽りのない進の心境である。

一般人が勝った！

２０１６年3月18日、ついに判決の日を迎えた。朝6時に起きた進は、愛犬の柴犬をつれて1時間ほどかけて散歩に出かけた。あれだけやったのだから、必ず勝利できる。少なくとも全面敗訴はあり得ない。心の中で何度も繰り返したという。

コーヒーとライ麦フレークの朝食をとり、タクシーに乗って裁判所に向かった。同乗者は、進、月恵、そして専務の甲斐日出男の3人である。甲斐は、進とともに脱サラし、以降一緒に会社や店を切り盛りし、進が築地署に拘束されいた期間、病み上がりだったが店を守った。車中で進は、「敗訴判決は書けないと思うよ。書かれたら、裁判官を弾劾裁判所で裁くため、訴追請求してやる」と意気軒昂だったという。

二本松夫妻は、忌避した松村徹裁判長、池田幸子右陪席らが下す判決に不安がないではなかった。しかし進は最後の準備書面、陳述書、意見書などにより「警察、検察の虚偽主張を逐一論破した自信があります。如何に悪名高い国賠裁判であっても、全面敗訴はありえないと思います」と二本松進は判決前から断言していた。

開廷時刻が近づく法廷の待合室には、関係者や傍聴人が集まりだした。それとともに不安と緊張が漂ってくる。国賠裁判の判決の実態をよく知る支援者、ジャーナリストたちは不安の色を隠し切れない。ただひとり二本松進だけが勝利を確信していた。勝利判決を勝ち取った後に夫婦でマレーシア旅行に行くため、一ヵ月以上前に旅行代理店に申し込みを済ませていたほどである。

11時、東京地裁７０９号法廷に黒いマントを羽織った３人の裁判官が姿をあらわした。膨大な時間と労力を費やした裁判の結果が出る。ＮＨＫ、共同通信、全国紙の記者らもこの裁判の行方を注視し、多くの支援者も固唾をのんで見守る法廷で、判決主文が読み上げられた。

《被告東京都は、原告二本松進に対し、２４０万円およびこれに対する平成19年10月30日から支払い済みまで年５分の割合による金員を支払え。》

事件発生の２００７年10月から足かけ９年、訴訟提起から７年の闘いの末に得た二本松夫妻の勝利の瞬間である。

わずか数分で閉廷し、二本松夫妻、代理人弁護士、傍聴支援をしてきた日本国民救援会や国賠ネットワーク及びその他の人たちは、法廷のとなりにある控室に移った。

集まった人たちは口々に勝利判決を喜び合い、当事者である原告２人はもちろんのこと、狭い室内に集まった人全員の表情は明るい。まるで結婚披露宴の控室に親戚や親しい友人知人が集まったときのざわめきのようだ。

しばらくして今泉義竜弁護士が判決文のコピーを片手に控室にやってきた。ほやほやの判決文だから熟読したわけではなく、ポイントをつかんで傍聴に集まった人々に小部正治、今泉義竜の両弁護士が解説した。

判決内容でいちばん重要なのは、現場にいた高橋眞知子と渡邊すみ子の2人の警察官の書面や法廷証言などは、ことごとく認められなかったことである。つまり、二本松進が警察官に暴行を働いたという警察官の主張は完全に退けられた。しかし、現場の警察官以外の取調官や検事らの責任は一切認めていない。これが判決の概要である。

進は「私が暴力を一切ふるっていないという一番大切なことが認められたのは嬉しい。でも、東京都の責任を一部認めても、実質連鎖して捏造を行った築地署捜査官や検察官、裁判官などの責任は一切不問に付している」と言う。さらに、事件により体調を崩し、トラウマで重度の鬱病を患った月恵の被害については一切認めず、一円の支払いもない。これが、この国の裁判所の限界なのだろうか。

とはいえ、暴行を受けたと主張する警察官の供述・陳述・証言・証拠資料は「看過することのできない変遷または齟齬があったり」して認められず、警察官の違法行為が認められた判決はきわめて稀だ。市民が警察を訴えた場合、警察勝利の判決しか出さない裁判官が圧倒的多数だからである。四半世紀以上にわたって警察の不祥事・不正を追及してきたジャーナリストの寺澤有は傍聴席でこの判決を聞き、「49年間の人生で一番の驚き」とまで述べているくらいだ。

進によれば「トカゲのしっぽ切り」だが、「駐停車違反を指摘された一般人が警察官に暴行を働いて傷害を負わせた」などという虚偽のストーリーが完全に否定された意義は大きい。警察が「カラスは白い」といえばカラスは白くなり、「カラスは白い」という判決文を平然と書くのが日本の裁判官である。そのなかで際立つ一般人の勝利にせざるを得なかった判決内容をさらに見てみたい。

高橋眞知子、渡邊すみ子両警察官の供述・陳述・証言は信用性ゼロ

裁判所は、《二本松進が高橋警察官に対して適正な公務の執行を妨害する暴行を加えたと認められるか否か》を最大の争点としている。

（1）変遷する非合理で不自然な暴行の態様

判決文は、警察官2人、特に高橋眞知子の供述が変遷していることを重視している。「左右の手をL字に曲げて小突く暴行」→「腕で突き飛ばされた」→「胸等を両肘等で強く突いてきた」→「腕を水平に折り曲げて肘で突き飛ばした」→「両肘を曲げた状態で両肘を交互に前に出して連続して胸を押してきた」と暴行態様についての供述が変遷していることを指摘している。なお、調書類の作成順では「左右の手をL字に曲げて小突く暴行」は3番目である。判決のこの部分では指摘されていないものの、提出された証書や証言によると、「切符カバンで防御していたので直接肘が胸には当たっていない」という主旨も述べているから、暴行態様が全部で6通りもあることになっていた。

事件発生直後に作成された現行犯人逮捕手続き書や事件当日の実況見分調書、同じく高橋の供述調書では、《原告二本松進が手、腕または両肘をどのように用いて暴行を加えたのか必ずしも明確ではなく、左右の肘を交互に用いて暴行を加えたという点が明らかにされたのは「事件から5日後に五島真希検察官が作成した高橋の供述調書」が初めてである。》と、あいまいな点を指摘している。

このような供述の変遷に対し、裁判所はこう判断を示した。

《一般に、肘で相手の胸を連続して突く場合に、同じ側の肘で突くことは容易であると考えられるが、左右の肘で交互に連続して突くことは、腕を水平に折り曲げている場合には肘が身体の外側に出ることから、相当、不自然でぎこちない動作となると考えられる。後述のように、左右の肘で交互に切符カバンを打っていたとする場合はなおさらである。》

(2) 暴行を加えられた部位

高橋眞知子、渡邊すみ子両警察官の築地署作成の各種供述では、「胸」、「胸等」または「胸の辺り」と、暴行された部位が表現されている。事件当日に現場から離れた築地警察署付近の路上で実施された「再現写真撮影報告書」と、事件から約6年近く経った13年8月1日に東京池袋署付近の路上で実施された再現をまとめた「再現実施結果報告書」(文書作成日は2013年9月20日)は、かなり違うものになっていた。二つの再現報告書の違いには決定的な矛盾あることを判決文は突いている。

《「事件当日の再現写真撮影報告書」では、高橋警察官が両腕を下げた状態で左胸付近を直接打たれる状況を再現していたが、「6年後の再現実施結果報告書」に至って、高橋警察官が切符カバンを胸の前に抱え上げており、原告二本松進の肘が胸に直接でなく切符カバンに当たっている状況が再現され、「高橋証人尋問」では、切符カバンで胸を覆い、原告二本松進の肘は腕と切符カバンに当たった（反対尋問では、かすかに胸にも当たったと言う）。との証言になっている。

警察官に対する公務執行妨害の被疑者が、警察官の身体に直接有形力を行使したのか、切符カバンのように、一定の面積と硬さのある物を介して有形力を行使する間接暴行を加えたのかは、犯行態様として重要であるところ、高橋警察官は、本件逮捕から少なくとも「高橋本人陳述書」までの間、これを明らかにしていなかった》

(3) 高橋警察官に力を加えた方向

それだけではない。事件当日の実況見分調書では、《原告二本松進が高橋警察官を原告車側に突き飛ばす指示説明となっている一方で、「同じ日に現場から離れた築地警察署付近で行われた再現写真撮影報告書」では、第2車線側へ突き飛ばす位置関係が再現され、さらに「6年後の再現実施結果報告書」では、最初の暴行では、原告二本松進がやや原告車方向を向いていたが、暴行の途中で高橋警官が第2車線側へ後退し、原告二本松進もそ

の方向に暴行を加える状況が再現されている。》

これまた、その場その場で言っていることがコロコロと変わっているのだ。《「実況見分調書と再現写真撮影報告書」は、いずれも本件逮捕当日の指示説明もしくは再現であるが、両者の位置関係および力の方向が一致しておらず、「６年後の再現実施結果報告書」は、それらが混在した内容の再現となっているといえる。》

進が高橋に力を加えた方向、すなわち暴行をした方向も、まるでバラバラである事実を判決文はしっかり捉えている。当然、これらは事実として認定できない旨を示している。

（４）無線通報の時期はいつなのか？

驚くべきは、どの時点で公務執行妨害であると告知したのかも不確かになっていることだ。暴行が終わった時点か、３～４回胸を突かれて通報し、再び暴行があったのか。高橋の無線連絡による応援要請についても、《胸に対する暴行後、逃走の気配が見受けられた時点》→《応援の時期を明確にしない供述》→《検察官取調べに至って初めて、最初に３回くらい押された時点で無線の緊急ボタンを押したとの供述がなされ、以後は同旨の陳述、再現または証言となっている》と、変遷は著しいと厳しく判決文は指摘している。

もう1人の警察官渡邊すみ子の供述にも疑問が多い、というのが裁判所の判断だ。極め付きは以下の部分である。

《渡邊警察官は、高橋警察官が原告二本松進に暴行を受けているにもかかわらず、これを止めに入ることもなければ、応援を要請することもなかったということになり、相勤の巡査が襲撃されている巡査部長の行動としては、まことに不自然で説明がつかないものといわざるをえない。（高橋警察官らの説明にもとづいて作成された）「現行犯人逮捕手続書」においても、高橋警察官が暴行を受け始めてから本件逮捕の前までの間の渡邊警察官の行動は、一切欠落している。》

以上の通り、車の後方で起きたと警察官が主張する暴行について、裁判所は、ことごとく警察官の供述を認めていない。

(5) ドア越しの争いで高橋が「右」手首に怪我をしたという主張

高橋は、胸の辺りを突く暴行を受けたと主張するとともに、原告車の運転席側のドアに「右」手首を挟まれて負傷したと供述してきた。これについての検証を見る。

《渡邊警察官は、反対尋問において、高橋警察官の腕がドアに挟まったところは見ていなかったことを認めているから、右腕がまともにドアに打ち付けられたとする「築地署での渡邊本人の供述調書」の供述などは、単なる推測にもとづくものということになる。》

「単なる推測」とまで指摘されているのだ。そして、高橋がドアの内側に立っていたことについても検証が及ぶ。

《このようにドアと車体の間に体全体を入れた高橋警察官の体勢において、外側からドアを閉められた場合に、右手首付近にドアの枠が強く当たるということは考えにくいといえる。逆に、強く閉めたドアの枠に右手首付近が当たるとすれば、高橋警察官が、ドアと車体の間には体全体を入れずに右手首部分のみを差し入れる体勢があったと考えるのが自然であり、そのような位置関係を指示説明または再現したのが「実況見分調書」及び「6年後の再現実施結果報告書」であるが、これでは原告車がドアを閉めて発進しないようにドアと車体の間に体を入れて立ったとする上記供述とは整合しないことになる。

また、原告車の運転席ドアの枠の内側にはゴムパッキングがあり、これが強く当たった場合に全治約10日間を要する右手関節打撲の傷害を生じうるかの疑問がないわけではないし、そもそも高橋警察官が原告進から胸付近を突く暴行を受け、いずれかの警察官が既に原告二本松進に対して公務執行妨害となると告げた後に、原告二本松月恵のみが原告車に乗り込み原告二本松進が原告車のドアの外側にいる時点で高橋警察官が運転席ドアを閉められないようにして阻止しようとしたのが、原告二本松月恵の逃走であったのか、原告二本松進の逃走であったのかという意図も判然としないといわざるをえない。》

そのほかにも現場の2人の警察官の供述などの不審点を述べているが、最も重要なのは、進が暴行を働いたという警察官の主張を実質的に完全否定していることだ。つまり、警察官の供述、証言は全てウソ、でっち上げ逮捕だと裁判所が認めたことになる。

控え室での報告の後、二本松夫妻はＮＨＫ記者らから裁判所の外で勝利のインタビューを受け、当日のＮＨＫ首都圏ニュースで一般市民が警察相手に勝利した稀有な裁判として紹介された。また全ての全国紙もこの裁判の結果を掲載した。

勝利を得た二本松夫妻は、５日後にマレーシアに旅立った。

残された課題：築地署と検察・裁判官の責任は？

暴行されて負傷したというのは警察官の狂言だった、と事実上認めた一審の判決は重い。しかし、進は「トカゲの尻尾切り判決だ」と言う。事件の発端をつくった2人の警察官の供述を虚言と切り捨て、その後にさらに深く原告らの被害に関係した警察官、検察官、裁判官らは一切〝おとがめ無し〟になっているからだ

膨大な文書秘匿も全く裁かれていない。さらに審理して責任を明らかにすべき点は次のようなことだろう。

①事件を捏造した高橋眞知子巡査、渡邊すみ子巡査部長→今回は厳しい判決を受けた。

②築地署捜査官。二本松夫妻や高橋・渡邊両警官を調べて各種の書類を作成した中島有侍警部補、前橋淳一巡査部長、実況見分調書や再現写真報告書を作成した小島修平巡査部長、検察に送致した櫻榮茂樹署長。彼らの行為はまったく問題なしとされてしまっている。

③検察。五島真希検事は、第三者の目撃証言と高橋ら現場警察官の供述に矛盾があることを認識していたはずである。また逃亡の恐れなどまったくない二本松進の勾留請求及び勾留延長請求をし、長期間拘束して虚偽の自白調書を取った五島真希検事の行為も全く問題なしとしている。

④裁判官。被疑事実の精査を一切行わず、勾留決定をした高麗邦彦裁判官、勾留延長決定をした岸野康隆裁判官らもまったく問題なしとの判決だった。

２名の警察官によるでっち上げだけは認められた。それならば、虚偽の報告を正しいも

のとして進められた取調べや、作成された実況見分調書をはじめ数々の書類は、とうぜん事実と全く違う内容になるだろう。その部分の責任追及は全くなされていないのだ。

とはいえ、今回は一般市民の勝利といえるだろう。だが、一審勝利祝のマレーシアの小旅行から帰国するなり、3月31日、「残された課題」を追及すべく、二本松夫妻は東京高裁に控訴した。同時に被告・東京都も控訴した。

これは、ある意味で二本松らが一か八かの大勝負に出たということだ。カラスはピンクといわんばかりの判決になりかねない警察絡みの国賠訴訟において、事実認定の部分で警察官証言がほぼすべて否定された。仮に原告の請求が受け入れられても、通常は50万円、60万円レベルの賠償額のところ、進に対して240万円もの賠償が認められたのである。これ自体、極めてまれなケースだ。ただし、逮捕時に二本松が弁護士に支払った費用は160万円であり、これは一審判決で《合計160万円は、本件逮捕がなければ生じなかった費用であるから、これは、高橋警察官らの違法行為と因果関係がある損害であると認められる》とされたものだ。したがって、実質的な賠償額は少ない。

今回は、被告の東京都（警視庁）も控訴したが、原告側が控訴して、さらに踏み込んだ判決を期待しても、逆転判決が出る可能性が高いとみる人のほうが多かった。

せっかく、進の暴行は認められず、暴行したという高橋ら警察官の主張も退けられたのに、まかり間違えば東京高裁で、彼が暴行を振るったという１８０度逆の判決が出る恐れさえあるのだ。

二本松夫妻をはじめ、支援者らにとっても、喜びと不安が入り混じった春になった。

渾身の一文　なぜ控訴せざるを得なかったのか

一審で勝訴し支援者らがほっとしていたところ、あえて控訴するという〝賭け〟に出た二本松夫妻の気持ちがよく分かるのは、心身ともに苦痛を受けた月恵の被害を一審判決は、一切認めていないことだ。

控訴してから間もない２０１６年６月16日、夫の進をともなって月恵は再び大学病院のメンタルケア科を訪れたのだった。そこで精査期間を経て意見書がまとめられた。それが、東京高等裁判所に提出した「二本松月恵氏の精神健康状態に関する意見書」（２０１６年10月６日付）である。

それによると、１ヵ月間におよぶ精査を経たうえ、月恵は、「大うつ病性障害および特定不能の心的外傷およびストレス因関連障害」と診断された。そして「特定不能の心的外傷およびストレス因関連障害の発症に関しては、平成19年10月11日に起きた進氏の冤罪による逮捕勾留事件が原因であると判断された」と明白に示している。

うつ状態に関しては「重症」と診断された。そのほか心的外傷は明らかにある。裁判の口頭弁論のときやインタビューで月恵が話すのを筆者は何度も聴いている。いやな事件は忘れ去りたいという強い気持ちはあるのに、話し始めると詳細な事実関係に話が及んで止まらなくなり、だんだん声が大きくなってしまう。「事件以降不眠が続くとともに、目眩いや耳鳴りの症状が度々出初め段々ひどくなり、何年も耳が鳴りっぱなし状態で聞こえにくくなったから声も大きくなってしまうんです。病院に通って治療を試みたものの今では治療の術がないとのことです」と月恵は言うが、あきらかに心的外傷を負っていると筆者はずっと感じてきた。この意見書を読んで納得した。その心的外傷について意見書には次のように記述されている。

《外傷的体験の中核には、平成19年10月11日の進氏の冤罪による逮捕勾留事件があるが、本事件の目撃だけにとどまらず、月恵氏が警察署内で同日単身長時間にわたる「取調べ」を受けており、しかもその間警察官からは事実ではないことへの同意と署名を複数回強要

されていることも十分に配慮されるべき出来事である。》

後に、満足とは程遠いものの、裁判で夫の雪冤ができたことで、少しずつ回復していくとは期待したいところだが、夫婦の人生にとっては「あまりにも理不尽すぎて取り戻せない部分も大きい」と2人は言う。だが、逮捕された夫に優るとも劣らない妻の被害については、国賠訴訟では全く認められていない。

そして夫の進の心情をよく表しているのが、東京高裁に提出した意見陳述書である。その全文をここに紹介したい。文中に甲とあるのは控訴人ら（二本松側）の提出証拠番号で、乙は被控訴人らの提出証拠番号のことである。

国賠第一審にて勝訴しながらなぜ控訴せざるを得なかったのか

２０１６年６月30日

控訴人　二本松　進

平成24年3月22日文書提出命令により提出された文書などから、本件は、高橋眞知子巡査、渡邊すみ子巡査部長のみによる「公務執行妨害・傷害でっち上げ事件」だったのではなく、築地署中島有侍警部補（捜査主任官）らの捜査担当が中心となって、控訴人進の現行犯逮捕直後から収集した膨大な証拠文書を隠蔽する一方で、刑訴法・犯罪捜査規範などに反した虚偽公文書などを作成・行使する築地署一丸となった、東京地検五島真希検察官をも巻き込む犯罪事件だったことが判明してきました（甲36、甲37）。

しかし、一審松村徹裁判長らは、本来であれば原告らと被告らとで全く相対立する主張の真偽を確認できる客観的かつ重要な証拠の開示を被告らに求めた上、目撃者の証言を直接聞く等して精査すべきところ、それらを全て省略して短兵急に結審してしまいました。

その結果、一審では、高橋巡査らの供述した暴行・傷害について、「変遷、齟齬があったり不自然であり、事実とは認められない」などと正しい判断をしたものの、築地署、東京地検も関わった事件全体の捏造に目が届かず、送致、勾留請求、勾留延長請求、虚偽自白調書獲得、起訴猶予裁定の違法性などが明らかにされず、いわゆる「蜥蜴の尻尾切り」判断となってしまいました。

また、この国賠裁判でも本来警察・検察の違法行為を内部で自浄する役割を担っているはずの監察官や訟務官らが被告らの指定代理人となり、逆にそれらの違法行為の組織的防衛・隠蔽の先兵となる役割を果たす等しました（参考：「警察捜査の正体」講談社新書、原田宏二著、２９３頁等）。

秘匿している重大な証拠文書の提出についても、屁理屈をつけて拒み、さらに築地署、東京地検作成文書の明白な相互矛盾などを修整し、五年も経て、渡邊巡査部長と高橋巡査とのほぼ同一内容の陳述書を作り上げ、それをベースに「再現実施結果報告書（乙7）」を偽造し、高橋巡査らの証言台での偽証を教唆するという所業に及んだのでした（甲38）。

警察・検察、被告都・国が、無実の被害者に対し、日常的に発生する身内の不祥事を契機に、その独占的捜査権を違法に行使して行う更なるこのような犯罪は、この国の「公共の安全」「公共の秩序」を根本から破壊し、「公共の危険」これに極まるものはないと思う程の恐怖を、控訴人らに与えました。この構図・体制を放置するならば、「無実の国民を殺人犯に仕上げること等、いとも簡単だ」とも痛感しております。その実例は、布川事件、足利事件、高知白バイ事件など枚挙に暇がありません。

控訴人らの被害は、この約八年半余りも経た事件、裁判を経験した者でなければ分かり得ない程大きく、このような被害、体制、法、裁判を未来に向けて放置しておくことは、絶対に許されないと、更なる裁判を続けることは避けたかったのですが、控訴してこの事実を訴えることを決意せざるを得ませんでした。

ぜひ、この控訴審では、一審で行われなかった重大な証拠の精査を行うことにより、秘密主義ではなく、証拠主義による正しい判断を下して、未来に向けてこの事件のような警察、検察等の最強権力による「冤罪作り」が出来なくなるシステム等を構築する契機として戴きたいと存じます。

以上、日本の高等裁判所の担っている役割を最大限果たして下さいますよう、期待して控訴をした次第であります。

隠蔽は捏造の母であってはならないのです。

通常、民事裁判における控訴審では、一度だけ口頭弁論が開かれて結審となることが多いが、この裁判では、控訴人二本松は次々に準備書面、意見書、陳述書などを提出し3回の口頭弁論が開かれた。

現場の警察官だけに〝罪〟を被せる

控訴審判決の２０１６年11月１日を迎えた。一一（いい）月の一番の日、「寿司の日」に当たっていた。人形浄瑠璃および歌舞伎の演目である「義経千本桜」に「鮓屋の段」がある。討伐を逃れてきた平家の武将が、すし屋をしていた旧臣に助けを求め、すし職人として身を隠していた。時が経ってやがて実の名を「鮓屋の弥助」と改名した。その日が11月１日とされる。

これにちなんで１９６１年11月、全国すし商環衛連という団体がこの日を「寿司の日」に制定したという。重大な判決がこの日に出されるとは、何かの縁だろうか。

正午すぎ、地下鉄霞ヶ関駅から地上に上がると、ドシャ降りの雨だった。筆者は急いで裁判所建物内に駆け込んだ。

８階まで登ると、廊下の窓から見える空はいくらか明るくなり、雨は小降りになってきた。

東京高裁８２２号法廷。開廷前には30人ほどが傍聴席に着席していたが話す人もなく、緊張がみなぎっている。一審よりも緊迫した雰囲気だ。なぜなら、過去の控訴審の経験から、一審で勝利を得た判決が一転して覆される可能性が十分にあるからである。

午後１時30分、白石史子裁判長らが姿を現した。場内にいる全員が起立して礼をし、着席する。

「判決を言い渡します。主文、本件各控訴を棄却する。一審原告らの控訴費用は一審原告らの負担とし、一審被告都の控訴費用は一審被告都の負担とする」

つまり二本松ら、東京都双方の控訴を棄却し、一審判決がほとんどそのまま維持されたのである。判決が言い渡されたとき、原告席に座っていた二本松夫妻、2人の弁護士、傍聴席の人々は何を思っただろうか。筆者の気持ちを正直に言えば、「ほっとした」。

わずか数分で閉廷し、法廷の外の廊下に出た。雨は止んで日差しも出てきたようである。法廷となりの待合室で簡単な報告があったが、警察・検察相手の国賠訴訟で一審勝訴が維持されたのだから、やはり勝訴であろう。たいていの人は安堵したはずである。しかし進は、組織的な事実の隠蔽や捏造が認められなかったことは許せないと挨拶した。先にあげた控訴審における彼の意見陳述書を読めばその気持ちは分かる。

なによりも、控訴審に提出した大学病院の専門家の意見書は取り上げられず、月恵の肉体的・精神的苦痛の被害は一切認められなかった。重度な鬱病にかかり、しかもその原因が今回の逮捕事件だと専門医に指摘されているにもかかわらず、裁判所は過去の例に倣い、またしても実質的な被害に目を配ることはしなかった。

基本は一審判決がそのまま踏襲されたかたちだが、わずかな違いをここに指摘しておきたい。まず、暴行の事実認定の部分で、高橋眞知子・渡邊すみ子両警察官の供述、証言の信用性を疑わざるを得ないと重ねて判決理由は強調している。

第二に、名乗り出て陳述書を二度にわたり提出していた４人の目撃者についてである。一審判決では、わずかに触れられただけだが、二審では、目撃証言の信用性を否定する被告都だけでなく、被告国の五島真希検察官の主張をも退ける形で、目撃証言の信用性を認めている。

《「４人の目撃者は」一審原告二本松進と婦人警官とは移動しながら口論していたものの、一審原告二本松進が婦人警官に暴力をふるったり肘打ちをしたりしたことはない旨陳述している。

この点について、一審被告都は、小川らの上記各陳述は事実に反するものである、小川は、五島検察官に対しては一審原告進と異なる事実関係を供述していたのに、本件訴訟提起後、一審原告らの主張に沿う供述を始めたことなどから、その信用性はない旨主張する。

しかし、小川、久郷、坂本、及び須永らと一審原告二本松進らとの間に特別の関係があるなど、上記陳述の信用性を疑わせる具体的な事情について主張立証はなく、同事情を認めるに足りる証拠もないから、上記各陳述の信用性は否定できない。

また、五島真希検察官の陳述書（丙1）によると、小川は、一審原告二本松進が身振り手振りで口論していたから、その中で手が高橋警察官に触ったことがあったかもしれないと述べたことが認められるが、これは、暴行の可能性を否定しなかったというにすぎず、小川は、一審原告二本松進が、高橋警察官に対し、暴行を加えた場面を目撃したと述べたわけではない。したがって、小川が、その作成に関わる陳述書（甲8、甲16）において、一審原告二本松進による暴行は見ていない旨陳述したことをもって、供述を変遷させたとは認められず、一審被告都の上記主張は採用できない。》

この判決文では、五島検察官に対して目撃者の小川が「二本松進と異なる事実関係を供述していた」と一審被告の都が主張していたことを示しているが、筆者が小川に詳細を聞いたところ、二本松進とほぼ同じことを供述している。

さらに、二本松の車の半開きになった運転席ドアをめぐっての争いについても以下のように言及されている。

《小川は、陳述書（甲8、甲16）において、本件逮捕前の状況を目撃したが、ドアと車体の間にいたのは一審原告二本松進であり高橋警察官ではない、高橋警察官は、渡邊警察官等に対し、左腕を右手で指差しながら「叩かれた」、「暴行」などと言い立てていた旨陳述し、五島検察官に対しても同様の供述をしたことが認められ（丙1）、前記のとおり、上記陳述書の信用性は否定できない。》

こうしてみると、現場にいた警察官である高橋、渡邊らの供述をことごとく否定した一審判決を、さらに強化したように見える。ただ、二本松進が強く主張していた築地警察署、検察、裁判所などの違法行為は、またしても一切認められなかった。だから進にとっては〝苦い勝利〟だったかもしれない。

一市民に勝利をもたらした5つの要因

進にとっては、苦みをともなった勝利だろうが、事件発生日から9年1ヵ月で得た勝利判決である。ここまで来られたのは、何が原因なのだろうか。実質的な審理が凝縮されている一審判決から何日か後に、原告代理人の今泉義竜弁護士に語ってもらったことをここに記したい。普通の人がどのように闘ったのか多くの人に参考になると思われるからである。

1　調書の精査と尋問で矛盾を暴露

「警察が提出した調書をはじめ、各種の証拠類を精査し、証人尋問でも矛盾を徹底的に暴露したことが、まず大きいと思います」

判決文では、暴行の態様（どのように暴行したか）、暴行された部位など、警察官の供述が変遷していた。また、二本松の車を高橋・渡邊両警察官が見たときに、運転していたはずの月恵が路上に立っていたと証言。これは、夫の進が運転者であると仕立て上げ、車がすぐに発車できない状況だったということにしたかったのだろう。

さらには、移動警告にしたがって妻が「20センチメートル」だけ車を前進させたなどと、通常ではあり得ない無理のあるストーリーが作成されていた。こうした一つ一つの矛盾を追及していったのである。ちなみに、事件当日の朝、一緒にペアを組んで巡回していたはずの2人の警察官は、事件現場までの巡回ルートをバラバラに供述書に記載するなど、本人が供述したか否かも疑わせる基礎的な〝ミス〟も犯し、供述・証言の信用性を低めた。

2　目撃者4人の確保

この事件は朝8時の築地市場前で起きたから、大勢の野次馬、目撃者たちがおり、しかも至近距離から一連の出来事を見守っていた。そのうち4人が氏名住所を明らかにして裁判所が認めれば証人尋問に応じると表明し、陳述書も提出した。この4人は、それまで原告の二本松夫妻を全く知らず、お互いに面識もないから完全な中立の第三者である。供述内容も具体的であり、陳述書を出したあとに警察官2人の証人尋問を傍聴したり、警察が作成した再現実施結果報告書などを見て、「捏造」「嘘ばかり」と彼ら4人は驚き、怒った。そこで、警察作成書類の何ページ、写真の何番から何番までは嘘、などと逐一具体的に反論した2回目の陳述書4通が提出された。

3　裁判官忌避の効果

「この裁判では、これまでに何人も裁判官が変わりました。法廷で直接証人を尋問してもらうことは非常に大切なのですが、目撃証人の尋問をひとりも取り上げようとしなかったため裁判官を忌避しました」

それればかりか、事件現場に直接かかわった者以外の証人尋問申請はすべて却下された。とりわけ第三者である目撃者の尋問を全く行わないことは問題だった。加えて、警察が隠蔽する膨大な証拠類の文書提出命令を出さないことについての判断も一切示さずに、一審松村徹裁判長は結審しようとしたのである。そのとき、もう１人の代理人・小部正治弁護士は、おそらく廊下まで響き渡るほどの迫力で裁判官忌避の理由を述べ、法廷内は緊迫した。14年７月４日、東京地裁第７０９号法廷での出来事である。

「忌避の申立は却下されたのですが、その後にも左陪席裁判官が代わり、終盤になって３人の裁判官全員が法廷での尋問に立ち会わない事態で結審になりそうになってしまったのです。そこで法廷での尋問をもう一度行うように強く申し入れたのです」

そのときも、原告と代理人は「どの裁判官も尋問に立ち会わずに結審するのは絶対に認められない！」と不退転の決意を示し、法廷は緊迫した。結局、原告の二本松夫妻の本人尋問だけは、再度実施することになったのだ。

通常は書類のやり取りで終わってしまう裁判が、裁判官忌避申立を含め、原告と代理人が強い姿勢を示めすことで、裁判の雰囲気が変わったのを筆者は法廷で見た。

4　支援者らの傍聴応援

「毎回の口頭弁論に多くの人が傍聴したことも大切な勝因です」と今泉弁護士は振り返る。

たしかに、原告と代理人だけで傍聴人がまったくいない裁判も珍しくなく、そうなると単に書類のやり取りと打合せ、という感覚になってしまう。

この裁判のように毎回多くの人々が傍聴することは、第三者の目が光っているということであり、裁判官もきちんと審理しなければという方向に傾く。前述の裁判官忌避をめぐる応酬も傍聴人は目の当たりにしていた。法律や法廷の外の「一般社会の眼」も重要だということだ。

5　原告本人の強い意思

「なんと言っても、原告本人の強い意志でしょう。それがなければ今回の結果は出なかった」

事件が起きた2007年秋から提訴する2009年秋までの2年間。進は自分に起きた出来事を振り返り、何が問題で何が自分に可能なのかを、店の経営の傍ら必死に勉強して方針を固め、訴状も独学で書き上げた。この二年間の準備と勉強の期間だけでも大変だっただろう。

訴訟提起以降も、弁護士だけに頼るのではなく積極的に陳述書、意見書などを書いたり、被告の反論に対してはすべて再反論をしている。被告側は、専門家の監察官や訟務官が時間をかけて大量の文書を提出してくるので、これに逐一反論するのは、本当に大変なのだ。築地署の警察官６人に対し刑事告訴もした。現場警官２人に対しては虚偽告訴罪（刑法第172条）と特別公務員職権乱用罪（同194条）、築地署で各種書類を作成した上司らに対しては、虚偽公文書作成罪（同156条）、検察に送致した櫻榮茂樹署長に対しては偽造公文書行使罪（同158条）で訴えた。

結果は、身内でもある東京地検により不起訴に終わったものの、被害者として考えられる法的手段を次々に行使したのである。

また、妻も含め、事件現場に赴いて目撃者を探し出したり（勝訴の一番の功績）、知人の協力で「現場再現写真報告書」（写真34葉と場面毎の解説付）を原告の立場として作成してもいる。こうした強い意志と行動が勝利に結びついたことは言うまでもない。さらに、日本国民救援会や国賠ネットワークなどの協力を得たことも大きかった。

高裁判決の日は土砂降りの雨が降っていたが、判決言渡し直前に小降りになった空は明るくなり始め、言い渡し後に法廷から出ると、窓の外には、嘘のような真っ青な空が広がっていた。事件発生以降の９年間を象徴するかのような天候の激変だった。

判決の後に、二本松夫妻とともに、秋晴れの日比谷公園に行ってみた。激しい雨が上がったせいか空気が澄みきって、透明感のある空が広がっていた。

そのとき写した夫妻の写真がいま手元にあるが、何とも穏やかでさわやかな表情をしている。２人にしてみれば目標を達成できなかった〝苦い勝利〟ではあろうが、その表情から安堵感は隠せない。事件から９年と１ヵ月目の快晴だ。

公務員から理不尽な扱いを受けた一市民が国家権力を訴える国賠訴訟は、これまでにも多くの訴訟が起きてきたし、いま現在も多発している。写真に写った穏やかな２人の表情を眺めつつ、ほとんどの人は土砂降りの雨にずぶぬれになっていることを思わずにはいられない。

未だ真の民主主義に基づく国家賠償裁判は発展途上のままであり、官主秘密主義の裁判が大手を振って闊歩している。この現状打破にこの裁判の記録が役立つことを祈っている。

本書刊行に寄せて

二本松 進
築地警察・検察の冤罪（公務執行妨害・傷害）でっち上げ事件
国賠事件原告・控訴人及び刑事事件告訴人

1　警察の身内不祥事を隠し逆に手柄事件にすり替える一石二鳥の「冤罪作り（でっち上げ）」

私は59歳にして、思いもよらない築地警察による「冤罪作り事件」に遭遇し、その後、国家賠償訴訟を提起し足掛け10年を闘うことになりました。その過程は本書で詳細に追っている通りです。私は公権力犯罪とその犯罪隠しの驚くべき実態を知ることになりました。

まず経験したのが、「取り調べ」という名目の自白強要のための「脅し」です。築地署前橋淳一巡査部長の「明日の新聞でお店大変なことになると思うよ。有名寿司店の店主が婦人警官に暴行をふるったって」という脅しは、風評被害により店がどうなってしまうのかという、経営者としての私の不安感をあおりました。

そして、東京地検五島真希検察官（現東京地裁判事）は（自分の不当な勾留請求を正当化するために）、自分が起訴すれば99・9％有罪になり、かつ長期勾留になりますよ、という法律知識の少ない一般市民にとっては絶望させてしまう巧妙な脅しです。これにより検察官の作文でしかない公務執行妨害の自白調書を作成され、それを証拠として、裁判の場にも出せない「虚偽不起訴裁定書」を作り、「起訴猶予」という検察段階の有罪処分が下されたのです。

しかしその後、この「起訴猶予」が、「犯罪前歴」となることを私たち夫婦は知ることになります。その雪冤を果たすために国賠裁判を提起せざるを得ませんでした。しかし、この雪冤を果たすまでの国賠裁判は、本書にも詳しく描かれていますが、理不尽な被告指定代理人ら（被告都石澤泰彦・他延べ12名、被告国澁谷美保・他延べ11名）の証拠を隠しての虚偽主張や裁判長の証拠を出されては困るというような訴訟指揮など、私たち夫婦にとっては苦難の連続でした。長期に渡って極度の不眠症に陥り、一気に持てる体力を使い果たしたと言っても過言ではありません。

地方自治体や国という強大な組織と一市民が争う国賠裁判をした経験から、現在の国賠法、司法行政をこのままにしておいては、今後も雨後の竹の子のように公権力による「冤罪作り事件」「冤罪作り事件隠し」が発生してしまうことを実感しています。私たち夫婦が経験した事件がこうして記録となり、国賠法、行訴法の改正、司法行政の改善につながればと願います。

2　国賠裁判の最大のネックは、国賠法第４条と国賠裁判長らの畏縮した訴訟指揮

（1）行政訴訟が民事裁判方式で行われる

私は国賠訴訟を提起するにあたって、まず国家賠償法を読んでこれが憲法に則ってきち

んと定められた法律なのか？　という大きな疑問につきあたりました。

行政事件訴訟法は１９６２（昭和37）年5月に制定され、その後4度も改正されていますが、国家賠償法は（国賠訴訟も歴とした行政訴訟事件であるのに）、１９４７（昭和22）年10月に施行されて以来一度も改正されていません。

そればかりか、憲法第17条に従って作られた法なのに、公僕たる公務員が犯罪を犯して主権者に損害を与えても、単に組織が税金で損害を賠償するだけで、犯罪を犯した公務員及び組織の責任をどのように問うかの規定も一切無いのです。

国賠裁判を闘う過程でようやく分ったことですが、第4条の「民法の適用」という規定は、訴えられた被告（犯罪被疑者）側に、被告らが職務として収集した被告に不利な証拠文書は秘匿しておいても裁判長は認容すべしという規定なのです。そして過去のほとんど全ての国賠裁判で「疑わしきは、被告人（国又は公共団体）の利益に」という判決を、最高裁事務総局の監視下にある国賠裁判官はさも不文律であるかのように下していたのです。こんなデタラメかつ違憲な国賠法を法務省、立法府、憲法学者、行政法学者、弁護士会、ジャーナリスト、マスコミなどは、なんと約70年も放置していたということになります。

（2）争点事実解明に必要でも被告に不利な証拠は証拠採用しなかった結審

私の国賠事件でも、一審・二審の結審を急いだ裁判長たちは、私たち原告と被告（国・都）で対立する争点事実において、その時点での証拠で精査するという合理的訴訟指揮をとらずに、被告が決定的不利な証拠になってしまうと予測される、原告側の証人尋問や文書提出命令の申立ての全てを、合理的説明も一切行わず拒否しただけでなく、原告側が見つけ出した目撃証人の証言さえ固く拒絶したのです。被告代理人らとの証人尋問予行演習時の教唆により、幾度も変遷を重ねる「偽証」をけなげにも行った渡邊巡査部長が証言台を降りる時、増田稔裁判長がかけた「ご苦労様でした」という言葉は証言台の「警察官の偽証」を容認していることの象徴的な一コマでした。残念ながらこれが現在のこの国の国賠裁判の実態です。

＊＊＊

本書を読んでいただければ本事件がいかにデタラメであったかがよく分かると思います。それでもなお、警察、検察そして裁判所がほぼ一体になった「冤罪作り事件」を体験していない読者のなかには、それがどれほど恐ろしい犯罪か想像するのは難しいと思われる方もいるかもしれません。ただ読者のみなさんには、警察、検察が行う「冤罪作り事件」には契機・動機により大きく分類して、3つあることを知っておいてください。

「政府批判団体・組織・運動弾圧型」、「未解決事件解決偽装型」そして本書の私が経験した事件のような「身内不祥事掏り替え型」です。いずれの型であれ警察・検察組織が一体にならなければ作れるものではありません。その犯罪性の高さから警察・検察はどんなに明白な証拠が突き付けられても、故意の「冤罪作り」の事実は認めず、それどころか、その隠滅者は、組織の絶体絶命のピンチを救った組織内英雄になっているのではなかろうかと思います。森友学園疑惑事件の国会答弁で名を馳せた財務省佐川宣寿理財局長のように――。

最後に、本事件の国賠裁判を長期に渡り闘う中で、このような日常茶飯に発生する地味で小さな事件を、放任してはおけない重大な事件として追い続け、本にまとめ上げて下さった林克明氏、また正義感と勇気をもって裁判所に陳述書を提出して下さった4名の目撃証言者、そして裁判支援をし続けて下さった日本国民救援会や国賠ネットワークなどの多くの支援者の皆様、代理人を引き受けていただいた小部正治弁護士と今泉義竜弁護士には感謝の言葉もございません。この場を借りて御礼を申し上げます。

そして、体調を崩しながらも目撃証人探しや提出文書完成などに全力を注いでくれた妻・月恵に感謝の言葉を送りたい。ほんとうにありがとう。

著者略歴

林 克明（はやし・まさあき）

ジャーナリスト。業界誌、週刊誌記者を経てフリーに。チェチェン戦争のルポ『カフカスの小さな国』で第3回小学館ノンフィクション賞優秀賞、『ジャーナリストの誕生』で第9回週刊金曜日ルポルタージュ大賞受賞。最近は労働問題、国賠訴訟、大学内身分差別などを取材している。著書に『秘密保護法　社会はどう変わるのか』（共著、集英社新書）、『ブラック大学早稲田』（同時代社）、『トヨタの闇』（共著、ちくま文庫）、写真集『チェチェン　屈せざる人々』（岩波書店）、『チェチェンで何が起こっているのか』、『プーチン政権の闇』（以上、高文研）、『フジテレビ凋落の全内幕』（共著、宝島社）などがある。ブログ『平成暗黒日記』、ツイッター @hayashimasaaki、フェイスブック「林克明」

不当逮捕——築地警察交通取締りの罠

2017年12月8日　　初版第1刷発行

著　者　　林　克明
発行者　　川上　隆
発行所　　株式会社同時代社
〒101-0065　東京都千代田区西神田2-7-6
電話 03(3261)3149　FAX 03(3261)3237
組　版　　有限会社閏月社
装　幀　　クリエイティブ・コンセプト
印　刷　　中央精版印刷株式会社

ISBN978-4-88683-829-2